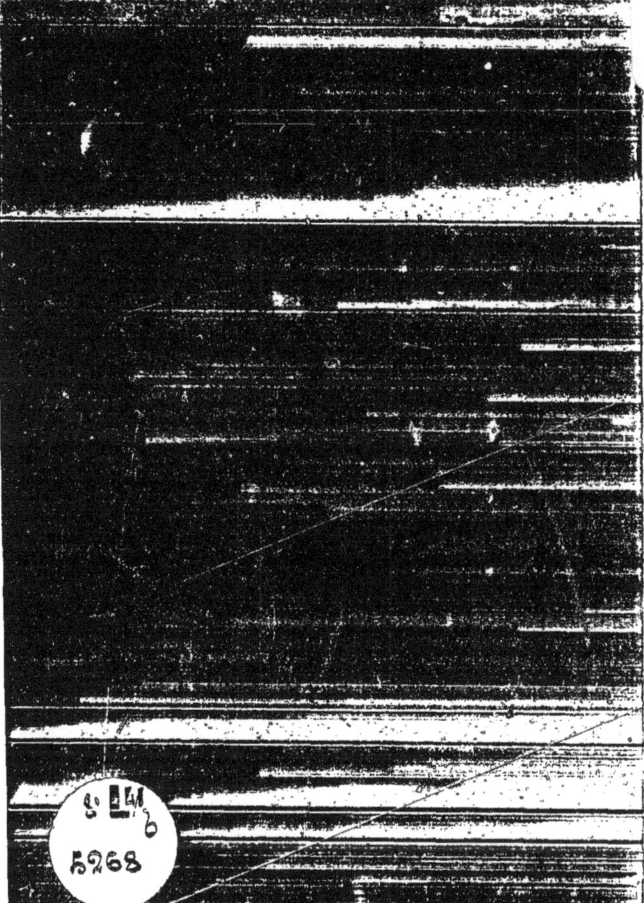

AF401030

SOCIÉTÉ DE L'HISTOIRE DE LA RÉVOLUTION FRANÇAISE

LES SCIENCES

PENDANT LA TERREUR

D'APRÈS LES

DOCUMENTS DU TEMPS ET LES PIÈCES DES ARCHIVES NATIONALES

PAR

G. POUCHET

Avec avertissement, notes et corrections

PAR

J. GUILLAUME

PARIS, AU SIÉGE DE LA SOCIÉTÉ

3, RUE DE FURSTENBERG, 3

1896

LES SCIENCES

PENDANT LA TERREUR

LES SCIENCES

PENDANT LA TERREUR

D'APRÈS LES

DOCUMENTS DU TEMPS ET LES PIÈCES DES ARCHIVES NATIONALES

PAR

G. POUCHET

Avec avertissement, notes et corrections

PAR

J. GUILLAUME

PARIS, AU SIÈGE DE LA SOCIÉTÉ
3, RUE DE FURSTENBERG, 3

1896

AVERTISSEMENT

Le travail de Georges Pouchet que nous réimprimons aujourd'hui (1) a paru dans la *Philosophie positive* de Littré et Wyrouboff, numéros de novembre et décembre 1873. Il en a été fait un tirage à part à petit nombre, qui est devenu introuvable. C'était une tentative très remarquable et très méritoire pour faire quelque lumière sur la période si mal connue qui va de septembre 1793 à thermidor an II. Les recherches de l'auteur confirmaient et complétaient les résultats exposés dès 1868 par Eugène Despois dans son livre célèbre, *le Vandalisme révolutionnaire*. Les faits recueillis par Georges Pouchet, empruntés presque tous à des documents d'archives, ont démontré victorieusement le bien-fondé de la thèse qu'il fut l'un des premiers à soutenir, et qui, à cette époque, pouvait encore passer pour un paradoxe aux yeux de la plupart : c'est que « l'an II marque bien réellement une date importante dans l'histoire des sciences françaises »; qu'à ce moment « non seulement elles sont représentées par une pléiade d'hommes

____

(1) Avec l'autorisation de la Société de Biologie, que Georges Pouchet a instituée sa légataire universelle.

illustres, non seulement elles voient grandir et naître une foule d'établissements d'enseignement, mais elles ont sauvé le pays »; et que le grand Comité de salut public, qui sut grouper autour de lui les savants et les artistes et les associer à son œuvre, mérite qu'on lui rende « cette tardive justice, que plus qu'aucun gouvernement au monde il a honoré les sciences et compris leur rôle social ».

En réimprimant ces pages écrites par Georges Pouchet il y a vingt-trois ans, et qui ont conservé tout leur intérêt, nous avons scrupuleusement respecté le texte de l'auteur. Çà et là seulement, il nous est arrivé d'avoir à corriger une date ou un détail secondaire, à remplacer un nom propre par un autre, à amender ou à compléter une citation; nous l'avons fait sans nous croire tenu de prévenir le lecteur à chaque passage, estimant qu'il suffisait d'indiquer la chose une fois pour toutes dans cet avertissement (1). En deux ou trois endroits il nous a paru nécessaire, dans l'intérêt de la vérité historique, de relever des appréciations que nous jugeons erronées et qui provenaient d'une con-

---

(1) Nous allons montrer par quelques exemples la nature et la portée de ces légères retouches, que l'auteur aurait faites lui-même, s'il avait publié une nouvelle édition de son travail : Parlant du décret qui déclara le gouvernement révolutionnaire jusqu'à la paix, Pouchet a placé entre parenthèses une date erronée, « 12 octobre » : nous rétablissons la date exacte : 10 octobre, 19 du premier mois; — à propos de l'*Instruction sur la manière d'inventorier*, publiée par la Commission des arts, il dit que cette *Instruction* fut rédigée « dès prairial » : nous remplaçons prairial par « nivôse », date qui résulte de nos recherches récentes; — citant les auteurs de divers rapports faits au nom du Comité d'instruction publique, il nomme Chénier, Romme, Fourcroy, Thibaudeau, Boissy d'Anglas, Grégoire : nous supprimons les noms de Chénier et de Boissy d'Anglas, qui n'étaient pas membres du Comité à cette date; — il indique, comme composant la Commission des poids et mesures, en septembre 1793, Cassini, Monge, Borda, Coulomb, Haüy, Lavoisier : nous biffons le nom de Cassini, qui n'a jamais fait partie de la Commission, et nous ajoutons ceux de Lagrange, Laplace, Méchain, Delambre, Brisson et Vandermonde; — à propos du procès des fermiers généraux et de Lavoisier, nous supprimons la mention de Cambon, pour restituer au rapporteur Dupin le rôle qui lui appartient.

naissance incomplète de certains faits particuliers (1).
Quant aux notes dont Georges Pouchet avait accompagné
son texte, nous les avons reproduites, en les complétant
quelquefois, et en rectifiant, là où il était besoin, soit les
renvois, soit les cotes des pièces d'archives (les cotes de
certains cartons des Archives nationales ayant été chan-
gées récemment). Nous avons aussi ajouté quelques autres
notes contenant des éclaircissements nouveaux. Nos notes,
ainsi que les additions aux notes de l'auteur, sont placées
entre crochets et distinguées par des initiales.

J. GUILLAUME.

(1) Les points sur lesquels portent ces rectifications, placées en notes,
sont les suivants : la composition et l'esprit du Comité d'instruction
publique en l'an II ; l'attitude de la Société des Jacobins à l'égard des doctrines philosophiques des encyclopédistes ; la date et l'esprit du projet de
décret sur les fêtes nationales rédigé par Mathieu et publié par ordre du
Comité d'instruction publique ; la part prise par le Comité d'instruction
publique dans l'organisation de l'Institut national de musique.

LES SCIENCES

PENDANT LA TERREUR

D'APRÈS LES

DOCUMENTS DU TEMPS ET LES PIÈCES DES ARCHIVES NATIONALES

> Depuis que la terre a tremblé, on a
> élevé à la hâte, par impatience et par
> peur, une immense digue de lieux com-
> muns, de sophismes, de phrases banales,
> que personne n'a examinés et que l'on
> est sommé de respecter sous peine d'être
> suspect de vouloir ramener le déluge.
>
> QUINET.

I

C'est un sujet mille fois repris que de rappeler tout ce qu'a
fait la Révolution pour la grandeur intellectuelle de la France,
les établissements créés, les découvertes accomplies, les progrès réalisés pendant ces années longues comme des siècles.
Mais, dans cette histoire si remplie, la Constituante, la Légis-
lative, la Convention sont autant de périodes bien définies.
Dans la durée même de cette Convention souveraine, on peut
distinguer des époques diverses pendant lesquelles le régime
politique et en quelque sorte le gouvernement de la France
sont sensiblement modifiés. En ce sens, le 31 mai qui vit la
chute des Girondins, le 9 thermidor furent de véritables révo-
lutions. Le supplice de Robespierre et de ses amis inaugure un
régime nouveau en mettant fin à l'omnipotence du grand
Comité de salut public, dont les pouvoirs, renouvelés pendant
près d'un an, devaient se confondre dans le souvenir des
hommes avec le régime de la Terreur.

Pendant ces époques si différentes, quel a été le sort des sciences et des institutions destinées à les répandre et à les protéger? A-t-il été le même, a-t-il changé? La plupart des historiens, embrassant d'un coup d'œil toute la Révolution, ne font point la différence, ils ne voient que l'ensemble des résultats et des progrès accomplis dans les sciences, sans marquer les phases de ce gigantesque enfantement.

Qu'advint-il en particulier durant ces dix mois qui s'étendent de septembre 1793 au 9 thermidor, période pendant laquelle l'échafaud fut presque en permanence? Est-ce que toute initiative ne fut pas suspendue? Et se fit-il comme une sorte de silence intellectuel, où l'on entendait seulement le bruit des coups que portait la hache révolutionnaire?

Cette opinion sur le régime auquel avait mis fin le 9 thermidor se fit jour dès le lendemain de la chute de Robespierre, dans le rapport de Courtois à la Convention sur les événements de cette journée fameuse. Le chimiste Fourcroy, qui vient d'être porté au Comité de salut public, ne juge pas moins sévèrement ces hommes qu'il accuse (7 vendémiaire an III) de « conspiration contre les progrès de la raison humaine », leur prêtant « le plan d'anéantir les sciences et les arts pour marcher à la domination à travers les débris des connaissances humaines »! Enfin n'a-t-on pas vu, en 1838, un autre conventionnel, un ancien membre du Comité d'instruction publique, que les sciences se sont habituées à honorer, Lakanal, dénoncer à l'indignation des savants cette époque « où nul n'osait, dit-il, se déclarer le défenseur des sciences au sein de la Convention » ?

Or, on a précisément fait à Lakanal une sorte de réputation comme sauveur des sciences pendant la tourmente révolutionnaire. Il a eu ses panégyristes illustres jusqu'au sein des Académies; et lui-même, par des écrits habilement composés, n'a pas le moins contribué à s'élever un piédestal (1). A la vérité, le même mérite s'est trouvé partagé, et les biographes n'ont pas manqué de l'attribuer à Fourcroy, à Monge, à tous ceux qui n'avaient pas cessé d'occuper, pendant la Terreur, des postes scientifiques importants. Ce titre de sauveur est au reste un de ceux qu'on se donne le plus volontiers dans notre pays. N'avons-nous pas vu nous-mêmes, après des journées de sang et de violence, une foule de gens se faire honneur d'avoir sauvé

____

(1) *Exposé sommaire des travaux de Joseph Lakanal*, Paris, 1838, in-8.

des monuments qui n'eurent que l'avantage d'être oubliés par un pouvoir insurrectionnel qui ne comptait pas avec les moyens d'exécution?

Il en coûte certainement, quand on parle de Lakanal, de faire certaines réserves; mais il a rendu d'assez importants services pour que son rôle et son influence n'aient aucun besoin d'être encore exagérés, surtout par lui-même. Tout au plus pourrait-on lui reprocher de n'avoir pas craint de livrer au public les lettres d'hommes de science le remerciant de légers services pécuniaires que leur avait rendus sa bourse (1). Il est certain que Lakanal déploya une grande activité pendant la première année que siégea la Convention, puis après la Terreur. Mais, à l'époque qui va nous occuper, Lakanal n'est point à Paris (2). Aussi, dans son mémoire laudatif sur lui-même, ne dit-il pas un mot, un seul mot, de ces mois terribles qu'il passa loin de l'assemblée, à rendre les services d'ailleurs les plus dévoués à ce gouvernement révolutionnaire de la France, pour lequel il devait dans la suite se montrer si sévère. Il passe sans transition de 1793 à l'automne de 1794, comme si un monde d'événements ne séparait pas ces deux dates entre lesquelles il semble que rien n'ait été fait, lui absent, dans les sciences. Avant le début de la Terreur la collection du Louvre est créée, le Muséum réorganisé; le télégraphe, l'unité de poids et de mesures sont décrétés. L'an III et l'an IV verront la création de l'Ecole normale, l'organisation de l'Institut, l'Ecole des langues orientales, les cours des Ecoles centrales. Mais l'an II ne fut pas non plus sans travaux et sans gloire scientifiques aux jours les plus troublés de la Révolution.

Une remarque est ici nécessaire.

L'histoire des sciences, quoique toujours intimement unie à l'histoire politique, voit les hommes et les choses d'un autre œil. Pour elle Alexandre n'est plus le fou furieux qui tue Clitus

(1) Lakanal s'est bien gardé de publier, dans les extraits de sa correspondance, certain billet que l'on pourra retrouver à l'Observatoire, où le *protecteur des savants* traite Cassini du ton qu'eût pu prendre Merlin parlant à un émigré. — [Le billet de Lakanal a été imprimé en 1894 dans le tome II des *Procès-verbaux du Comité d'instruction publique de la Convention*, p. 477; ce volume contient le texte complet de toutes les pièces relatives au conflit entre Cassini et les quatre « professeurs » de l'Observatoire. — J. G.]

(2) [Lakanal fut envoyé en mission à Bergerac par décret du 17 du premier mois de l'an deuxième (8 octobre 1793); il ne revint à Paris qu'après le 9 thermidor, sauf deux courtes apparitions en nivôse et en germinal. — J. G.]

et se fait dieu : c'est le conquérant qui donne aux connaissances géographiques de la Grèce un champ nouveau, c'est
l'élève d'Aristote envoyant à son maître les animaux de l'Inde.
Louis XIV n'est plus le monarque des dragonnades quand il
fonde l'Académie des sciences, et Catherine II, elle-même,
devient intéressante quand, enfermée dans son pavillon d'étude,
« elle enfourche — comme elle dit — son dada philologique
et travaille à ses dictionnaires polyglottes ». Il se peut faire
que certains hommes de la Révolution se montrent à nous, de
ce côté, sous un jour un peu moins défavorable : Fouché fonde
à Nevers un établissement d'instruction ; cela seul nous importe,
et non les fusillades qu'allait organiser à Lyon dans le même
temps le futur duc d'Otrante. Nous ne jugerons personne, nous
bornant à enregistrer des faits. Il faut une autre autorité que la
nôtre et des veilles plus longues pour oser regarder en face les
grandes figures de ce temps enveloppées dans leur suaire san-
glant. Mais, avant de descendre les gémonies de l'an II, nous
devions affirmer une fois de plus le ferme dessein de n'avoir
dans ces pages d'autres préoccupations que la marche de l'esprit
scientifique en France, pendant cette époque marquée par tant
de deuils, même pour la science.

II

La période de l'histoire de la Révolution dans laquelle nous
nous renfermons a des limites précises. C'est le moment où la
crise révolutionnaire atteint son paroxysme ; c'est le triomphe
de la Montagne, aussitôt compromis par l'influence dominante
de l'esprit jacobin, du commencement de septembre 1793 au
9 thermidor an II (27 juillet 1794). Au 5 septembre, la Terreur
— qu'avait demandée Danton dès le mois d'août — est par
la Convention « mise à l'ordre du jour » ; la loi des suspects est
promulguée, l'armée révolutionnaire instituée, le tribunal cri-
minel extraordinaire, qui bientôt (8 brumaire) prendra le même
nom, réorganisé ; le gouvernement est déclaré révolutionnaire
jusqu'à la paix (19 du premier mois, 10 octobre). A l'ennemi
en armes sur toutes nos frontières, à la moitié de la France
soulevée, la Convention oppose la toute-puissance du Comité
de salut public renouvelé aux mains des mêmes hommes jusqu'au 9 thermidor qui brisera leur pouvoir et commencera
une ère nouvelle. Au dehors l'ennemi repoussé, la Belgique
occupée, la Hollande menacée ; au dedans, Lyon rendu, Toulon

repris, les Vendéens rejetés au delà de la Loire, à Paris le jugement des Girondins et de la reine, puis coup sur coup la chute des hébertistes et celle de Danton, puis la loi de prairial et la guillotine presqu'en permanence, tels sont les événements qui vont marquer cette année formidable, où la Révolution menacée semble à jamais triomphante. On concevrait à la rigueur qu'une si grande dépense de forces ait pu un instant paralyser ce noble élan vers les sciences qui avait marqué les premières années de la Révolution et qui devait encore jeter un certain éclat sur les derniers jours de la Convention ; et, s'il n'en a point été ainsi, qui donc furent les ouvriers, qui fut l'âme des travaux accomplis au milieu de cette fournaise où rien ne subsistait du passé, où nul n'était sûr du lendemain ?

Un des premiers soins avait été de sauver tous les objets de science et d'art, qui tombaient chaque jour par milliers aux mains de la nation. C'est l'origine de nos collections publiques, imitées depuis par les autres peuples. Il n'y en avait point à Paris, ni ailleurs, avant la Révolution. Les musées, les collections, les cabinets, les jardins botaniques, les bibliothèques ne manquaient point, mais tout cela appartenait au roi, aux sociétés, aux particuliers, aux couvents. Le public y était admis, mais seulement à titre gracieux, et le *Guide des étrangers à Paris* de 1777 en donne, pour la capitale, la liste complète. Ici c'était un cabinet de médailles, ou d'instruments de physique ; ailleurs, des collections d'anatomie formées d'objets naturels ou de pièces en cire ; celle de Chantilly était célèbre ; dans d'autres on voyait entassées pêle-mêle des curiosités de toute espèce, meubles précieux, oiseaux rares, marbres antiques, ustensiles de sauvages, émaux, pétrifications. On retrouve aujourd'hui de ces cabinets dans certains couvents d'Italie, aux bénédictins de Catane, par exemple, très semblables à ce qu'ils devaient être à Paris au siècle dernier, dans les riches habitations de la noblesse et dans les maisons religieuses.

Depuis longtemps, il avait été décrété que les biens des communautés et des émigrés feraient retour à la nation. Pour recevoir toutes ces richesses, la République avait déjà le Muséum des arts, qui deviendra le Musée du Louvre, et le Jardin des plantes réorganisé sous le nom de Muséum d'histoire naturelle. Mais ces établissements n'étaient point prêts ; puis il fallait avant tout réunir les objets, en faire l'inventaire, choisir ceux qui étaient dignes d'être exposés, enfin mettre à l'abri

une foule de choses rares ou précieuses, contre le zèle icono-
claste des foules. Les célèbres rapports de l'abbé Grégoire sur
le vandalisme sont postérieurs au 9 thermidor; mais dès brumaire (1) la Convention avait fait défense expresse de mutiler
non seulement les monuments publics, mais les livres et les
objets de toute sorte des collections, sous prétexte d'en faire
disparaître les signes de royauté ou de féodalité. Le Comité
d'instruction publique, chargé de veiller à tout cela, ne pouvait
évidemment pas descendre aux détails : dès l'origine il s'était
adjoint des commissions, sur lesquelles il s'était en partie dé-
chargé. Si l'une d'elles, celle des monuments, fonctionna assez
mal et mérita de voir la Convention suspendre ses travaux (2),
il en fut autrement de la Commission temporaire des arts, que
l'on trouve en pleine activité pendant tout le courant de l'an II.
Elle fut réorganisée par un décret de l'assemblée du 18 pluviôse, qui en nomma définitivement les membres (3). Parmi
les plus actifs pendant la période qui nous occupe, on peut
citer l'anatomiste Vicq d'Azyr, premier médecin de la reine,
Ameilhon et l'abbé Mongez, antiquaires, les botanistes Richard
et Thouin, toujours en course pour sauver les arbres rares,
es plantations d'ananas, les caisses d'orangers des demeures princières autour de Paris; le joaillier Nitot, le physicien
Charles, Dufourny, qui partage son activité entre la Commission et le département de Paris, enfin le bénédictin dom Poirier.
D'autres membres illustres, comme Monge, ne parurent que
rarement aux séances, occupés qu'ils étaient ailleurs à de plus

(1) Décret rendu sur le rapport de Romme, le 3 du second mois de l'an II.
(2) [Instituée en novembre 1790 par les Comités ecclésiastique et d'alié-
nation de l'Assemblée constituante, réorganisée le 18 octobre 1792 par la
Convention, la Commission des monuments fut supprimée le 28 frimaire
an II, sur le rapport de Mathieu. — J. G.]
(3) [La Commission temporaire des arts a son origine dans le décret du
12 août 1793, ordonnant l'inventaire des objets appartenant aux Académies,
et dans ceux des 15 et 18 août, chargeant quatre représentants, David,
Romme, Haussmann et Dyzez, de faire exécuter le décret du 12, et de
faire en outre inventorier tous les objets utiles à l'instruction publique,
appartenant à la nation. A la demande des quatre représentants et des
délégués du Comité d'instruction publique, le ministre de l'intérieur Paré
nomma dans les derniers jours d'août trente-six commissaires chargés de
procéder aux inventaires prescrits. Ces commissaires, divisés en douze
sections, formèrent la Commission des arts. La Convention en confirma
l'existence par le décret du 28 frimaire, et la substitua à la Commission
des monuments. Un décret du 18 pluviôse la réorganisa et la composa de
quarante-trois membres, dont vingt-deux avaient figuré au nombre des
commissaires nommés par le ministre. — J. G.]

pressants besoins pour la défense du territoire. Le décret du 18 pluviôse attribua une indemnité aux membres de la Commission temporaire qui n'avaient pas de traitement pour d'autres fonctions, le cumul étant interdit.

On a comparé tout à fait à tort la Commission des arts à une compagnie scientifique ou littéraire. On a même dit qu'elle pouvait être considérée comme remplissant sans trop de désavantage l'intérim entre les Académies supprimées dès le mois d'août à la demande de Grégoire, et l'Institut qui ne sera organisé que plus tard. C'est se méprendre complètement sur le rôle de la Commission des arts, qui fut, avant tout, *exécutive*, sorte de pouvoir savant dans l'Etat, dont on ne retrouve point l'analogue. Elle fait mettre les scellés par deux commissaires spéciaux à ses ordres; elle a la direction et la responsabilité des dépôts; et les dépenses de transports finissent par s'élever tellement qu'elle obtient d'employer l'administration des charrois de l'Etat : c'était une économie de 15,000 livres par mois. Elle déploie une activité prodigieuse, comme au reste le gouvernement, les administrations, les armées, la science même à cette époque de fièvre. Ses registres attestent à la fois le nombre et la variété des affaires qui lui passent par les mains. Elle siège deux fois par décade; un seul jour la séance n'eut pas lieu, c'était le 10 thermidor (1), puis ses travaux reprennent leur cours, que les grands événements qui viennent de s'accomplir ont à peine troublé. On avait pu voir seulement percer à travers ses délibérations le poids chaque jour plus grand dans l'Etat de ce Comité de salut public qu'on venait de décapiter. La Commission des arts avait même fini par insérer, avec une sorte d'importance, à ses procès-verbaux les arrêtés qu'elle en reçoit. Etait-ce crainte? Sans parler des opinions personnelles des hommes de science à cette époque, c'est assurément en méconnaître le caractère que de leur supposer un tel sentiment. La peur ne fut pas plus de ce temps-là que les larmes, et nous ne voyons pas qu'un seul homme de science ait cherché à se dérober, par une fuite facile, au gouvernement légal du pays. Lakanal voudrait laisser croire qu'il a travaillé à les retenir.

(1) [La Commission des arts ne tint pas séance d'une façon aussi régulière que l'a cru Pouchet. Ses dix premières séances eurent lieu sous le régime de l'ancien calendrier, du 1er septembre au 3 octobre 1793. Elle s'assembla ensuite le 20 du premier mois, les 5, 10, 20 et 25 brumaire. A partir de frimaire, elle se réunit six fois par mois; néanmoins la séance n'eut pas lieu le 20 prairial, jour de la fête de l'Être-Suprême, ni le 10 thermidor. — J. G.]

Peine bien inutile, pensons-nous, s'il se l'était donnée en effet, mais on a vu qu'il n'était pas même à Paris. Chose remarquable, on ne trouve pas un seul homme de science parmi les émigrés, non plus qu'à Lyon, à Toulon, en Vendée. Tous avaient embrassé la cause de la Révolution. Chaptal écrit des brochures de parti; si Condorcet se tue comme girondin pendant la Terreur, Monge s'enfuira après thermidor comme jacobin. C'est un point qu'on ne doit jamais perdre de vue. On oublie trop que ces hommes ont vécu et ont dû vivre, en effet, de la vie de leur temps.

On annonce à la Commission des arts, d'un district de province, la découverte d'un certain nombre de portraits, mais qui représentent des personnages frappés par le glaive de la loi : elle répond aux administrateurs de les brûler et d'assister au brûlement. Un autre jour, le 14 germinal, le secrétaire greffier de la commune de Paris adresse à la Commission deux médaillons de bronze représentant Lafayette et Bailly (1); comme ils n'ont pas la valeur artistique que leur supposaient les membres de la commune, fort ignorants en ces matières, la Commission ordonne qu'ils seront mutilés aussitôt et les fragments livrés à la fonte (2). Trois mois après, les esprits peu à peu se sont encore exaltés. En vain un membre de la Commission fait observer qu'il se pourrait trouver quelque portrait de l'ex-famille royale précieux au point de vue de l'art, la Commission arrête (sur la proposition de Picault et de Varon), que « tous les tableaux et portraits représentant des individus de la race Capet seront inventoriés et réunis dans un même dépôt, et que l'on procédera à leur destruction totale et complète, afin que la superstition royaliste ne puisse en recueillir aucun. Malgré les observa-

(1) Extrait du procès-verbal du Conseil général de la commune du 9 germinal : « Le citoyen Laurent dépose sur le bureau deux médailles, l'une représentant Bailly et l'autre Lafayette. Le Conseil général, vu la perfection de l'ouvrage, considérant que l'effigie des traîtres peut être conservée pour être vouée à l'exécration des races futures, arrête que le secrétaire greffier est autorisé à envoyer ces deux médailles à la Commission des arts pour être soumises à son jugement et conservées, si elle le juge convenable. » (Archives nationales, F17, carton 1048).

(2) Registre de la Commission des arts, 15 germinal. — On lit à la date du 30 germinal : « L'examen des différents objets d'imposture religieuse, énoncés par le citoyen Lelièvre, et entre autres du lait de la sainte Vierge, est renvoyé à la section de chimie ». — [Le registre de la Commission des arts, dont il est question dans cette note et les suivantes, se trouve aux Archives nationales sous la cote F17 7; il est intitulé *Notes et arrêtés de la Commission des arts*, et contient les procès-verbaux des séances de la Commission du 1er septembre 1793 au 10 vendémiaire an III inclusivement. — J. G.]

tions d'un membre, la Commission, ferme dans ses principes, maintient son arrêté. »

Les attributions de la Commission des arts étaient aussi complexes que mal définies. Elle concentra dans ses dépôts tous les objets ayant une valeur artistique, littéraire ou scientifique quelconque, livres, statues, tableaux, instruments, modèles, armes précieuses, médailles, tout enfin : la tête de Cartouche (1) aussi bien que les tables en mosaïque du boudoir de Marie-Antoinette; la momie de Turenne (2), à côté d'une girafe empaillée (3) du cabinet Le Vaillant, « objet que l'Europe n'a jamais vu aussi beau, et qu'il était réservé au zèle d'un voyageur infatigable d'offrir pour la première fois aux regards étonnés des Français ». La Commission dresse l'inventaire des richesses extraites des églises, des demeures royales, des habitations d'émigrés ou de condamnés. Elle est à la piste de tout ce qui tombe légalement au pouvoir de la nation, elle examine tout ; chez Hérault de Séchelles, elle retrouve les manuscrits de l'*Émile* et de la *Nouvelle Héloïse* avec le portrait de Mme de Warens (4). Mais un amas de coquilles sur le coin d'un plancher ne l'occupe pas moins, et elle délègue un de ses membres pour lui rendre compte de la valeur que cela peut bien avoir (5). Un autre jour elle est avisée que Montmorency le fils, en partant pour l'émigration, a dû cacher plusieurs caisses remplies d'objets d'histoire naturelle chez un de ses valets de chambre nommé Lebas, qu'on suppose habiter la rue des Piques. Mais ce Lebas est introuvable ; on s'est adressé au comité civil et au comité révolutionnaire de la section. Lebas a dû se sauver ou changer de nom, et voilà toutes ces richesses perdues. « Ce n'est pas de l'individu dont nous avons besoin, dit le rapporteur de l'affaire, mais bien des objets qui peuvent servir à l'instruction nationale. » Il y a cependant un dernier moyen de les retrouver. Le suisse du ci-devant hôtel Montmorency, un nommé Poquelin, est présentement incarcéré aux Madelonnettes; la Commission décide qu'un de ses membres se rendra

(1) Registre de la Commission des arts, 19 septembre 1793. Cette tête avait été injectée par Hérissant.

(2) Registre, 23 septembre 1793 et 10 frimaire. Cette momie, enlevée de Saint-Denis, fut déposée au Muséum dans la galerie d'anatomie.

(3) 25 messidor. Archives nationales, F^{17}, carton 1084.

(4) Rapport de Richard à la Commission des arts, 25 germinal an II. (F^{17}, carton 1224).

(5) Rapport de Lamarck à la Commission des arts sur un amas de coquilles à Passy. (F^{17} carton 1224).

vers le Comité de sûreté générale pour avoir l'autorisation de communiquer avec cet individu et tâcher d'apprendre de lui où sont les précieuses caisses (1).

En dépit de toute la vigilance de la Commission des arts, il y eut, nous n'avons pas besoin de le dire, beaucoup de rapines commises.

Les objets de valeur laissés par les émigrés ou par les condamnés étaient souvent soustraits; on essaya de faire sortir de France une partie du mobilier de la Du Barry à Louveciennes; on trouvait sur la grande route, aux portes de Paris, une cassette pleine de médailles et de camées, perdue par quelque fuyard ou quelque voleur (2). *Les geôliers, de leur côté, étaient assez peu scrupuleux.* La Commission sollicite du Comité de salut public, à plusieurs reprises, des mesures pour arrêter les abus. Elle s'adresse aussi pour cela à l'accusateur public près le Tribunal révolutionnaire. Il s'agit ce jour-là de retrouver une montre à longitudes, ouvrage d'un célèbre constructeur anglais et que Bochart de Saron, ancien président au parlement de Paris, avait portée sur lui jusqu'au dernier jour. En quittant la prison pour l'échafaud, il avait dû la remettre à la femme du portier, qui l'avait gardée. Fouquier-Tinville fit-il rendre la montre? Tout ce que nous savons, c'est qu'elle rentra aux mains de la Commission (3). Nous voyons encore celle-ci réclamer, auprès du conseil du Temple, une montre à secondes en platine à boîte en or émaillée que « le ci-devant roi » a dû laisser en allant à la mort (4).

Tous ces objets viennent s'entasser méthodiquement dans divers dépôts; ils sont inventoriés, catalogués avec le plus

(1) Rapport de Lelièvre à la *Commission des arts* (F⁴⁷, carton 1224). L'affaire était en effet au Comité de sûreté générale le 25 frimaire (F⁴⁷, carton 1225, et registre de la Commission des arts, 25 et 30 frimaire). Les caisses furent sans doute découvertes, car nous voyons Richard *faire à la* Commission des arts un rapport sur le transport du cabinet d'histoire naturelle de l'émigré Montmorency. (Registre, 30 pluviôse.)

(2) « La commune de Paris aux représentants composant le Comité de salut public, 25 messidor : La citoyenne Dugy, voiturière, a trouvé dans la forêt de Bondy et déposé une boîte contenant une collection, précieuse pour les arts et pour l'histoire, de médailles frappées sous le tyran Louis XIV, et représentant les traits de valeur de nos aïeux que ce tyran appelait ses victoires. Ces médailles, quoique souillées de l'effigie d'un roi, nous paraissent mériter place dans les Archives nationales. Elles ne sont pas réclamées et ne le seront probablement jamais. » (F⁴⁷, carton 1048.)

(3) Registre de la Commission des arts, 25 floréal.

(4) Registre, 5 messidor.

grand soin. Au moment même où Hoche recule à Kaiserlautern, le Comité de salut public n'a point la carte des Pays-Bas autrichiens, de Ferraris; il la demande le 10 frimaire, et le 15 la Commission des arts en a trouvé deux exemplaires dont un incomplet (1).

Le Comité d'instruction veut avoir sous la main une bibliothèque pour aider à ses travaux et à ceux des autres Comités (2). Le Comité de salut public lui-même (3) en veut une dans son local (ces hommes avaient donc le temps de consulter des livres?). Les dépôts fourniront tout cela. La Commission des armes, elle aussi, a besoin d'ouvrages spéciaux, d'instruments, de modèles de canons provenant de l'arsenal; et comme tout presse ici, il est convenu qu'on les délivrera sur un simple récépissé de Guyton, le chimiste (4). La bibliothèque du Jardin des plantes, déjà instituée (5), va s'enrichir de ces dépôts; on est même obligé de modérer le zèle des professeurs, qui ne demandent qu'à prendre (6). Puis ce sont les fourneaux, les réci-

(1) Registre de la Commission des arts, 15 frimaire.

(2) Du 23 pluviôse an II : « Vu l'arrêté du Comité d'instruction publique du 1er de ce mois, qui charge les citoyens Guyton et Fourcroy de communiquer au Comité de salut public le projet d'établir près du Comité d'instruction publique une bibliothèque... qui mettrait à la portée des Comités des livres dont ils ont besoin journellement, et particulièrement ceux qui traitent des arts qu'il importe de répandre et de perfectionner comme moyen de force et de prospérité de la République; le Comité de salut public, considérant que la collection qu'il a désiré avoir sous sa main, et dans le lieu même de ses séances, ne pourrait remplir entièrement l'objet proposé; qu'il a chaque jour besoin de grands recueils de physique, mécanique, etc., et, dans le moment actuel, des Transactions de la Société de Londres;... arrête qu'il sera incessamment formé dans le local du Comité d'instruction publique une collection des meilleurs ouvrages sur les objets relatifs aux travaux des différents Comités de la Convention nationale. Signé au registre : Robespierre, Carnot, Barère, Couthon, C.-A. Prieur, Jeanbon Saint-André, R. Lindet, Billaud-Varenne. Pour extrait : Carnot, C.-A. Prieur, Barère, Billaud-Varenne. » (Archives nationales, F¹⁷, carton 1306.)

(3) Registre de la Commission des arts : « Sur la demande du Comité de salut public, la commission charge les membres de la section des dépôts littéraires de faire dans les bibliothèques des émigrés ou condamnés un choix des livres qui devront composer la bibliothèque que ce Comité se propose d'établir pour son usage. » (25 floréal). — « Les mêmes commissaires sont invités à concourir de tous leurs soins au complément de la bibliothèque du Comité d'instruction publique. » (30 floréal).

(4) Registre de la Commission des arts, 30 nivôse, 5 ventôse, 25 prairial.

(5) La bibliothèque du Muséum était en pleine formation dès le mois d'août 1793. Voir différentes pièces aux Archives nationales, F¹⁷, carton 1227.

(6) Registre de la Commission des arts, 5 ventôse.

pients, les ustensiles de toute sorte destinés aux laboratoires (1)
de la nouvelle école pour la fabrication du salpêtre (15 ventôse).
L'Observatoire national demande les instruments d'astronomie
laissés par Bochart de Saron, qui lui sont attribués sur le rapport du physicien Charles (2).

Les particuliers s'adressent aussi à la Commission des arts ;
l'un demande une lunette de passages dont il a besoin pour
faire des observations ; pour un autre, c'est un microscope
solaire. Tout cela est immédiatement trouvé et délivré sur récépissé en forme, car la Commission a mis un ordre admirable
dans ce monde d'objets divers. Elle rendra aux intéressés les
tableaux exposés dans la salle de la ci-devant Académie et que
les auteurs ou leurs héritiers ont été autorisés à retirer par
arrêté du Comité de salut public (3). Un ami de Hérault de
Séchelles, Clouet, professeur à l'École des mines, lui a prêté en
prison une traduction de Shakespeare ; il la réclame à la Commission, qui la lui rend (4). Louis XVI, comme par une dérision
du sort, avec quinze souscriptions, a gagné trois lots à la lote-
rie des amis des arts pour 1792 ; ils sont là, qui attendent leur
destination nouvelle (5). Plus tard enfin, quand la loi de l'an III
rendra aux héritiers des condamnés la jouissance des biens
saisis par la nation, c'est à la Commission temporaire qu'ils
retrouveront tout sous le scellé.

On ne saurait trop louer l'œuvre relativement obscure, mais
éminemment utile, de la Commission des arts en ces temps où
elle sut, à force de courage et d'abnégation, suffire à un im-
mense labeur. Il ne faudrait pas croire qu'en ce temps-là, et
surtout avec l'idée qu'on se faisait du gouvernement révolutionnaire, c'est-à-dire, dans le langage d'alors, *expéditif* (6), les

(1) On est frappé du retour fréquent de ce mot *laboratoire* dans les documents de cette époque, surtout quand depuis quelques années il est tellement question d'en créer en France.

(2) Il y avait parmi ces instruments une machine à diviser, que Léonard
Bourdon avait demandée pour sa maison de la Société des Jeunes Français, installée au prieuré Saint-Martin ; mais on la jugea trop précieuse
pour la mettre entre les mains des jeunes élèves. Lenoir offrit toutefois
d'instruire un des élèves et de lui apprendre à diviser sur cette machine.
Voir Registre de la Commission des arts, 20 et 25 floréal.

(3) Registre, 30 messidor.

(4) Registre, 16 prairial.

(5) Registre, 20 thermidor.

(6) C'est ainsi qu'on fait des cours *révolutionnaires* sur la fabrication du
salpêtre ; plus tard, en l'an III, Séguin trouvera le procédé *révolutionnaire*
de tanner les cuirs. Nous lisons au registre de la Commission des arts,

attributions des divers pouvoirs fussent absolument définies, et que la hiérarchie de leur subordination ou de leur compétence fût toujours observée. Rien de cela n'existait, mais cet apparent désordre devint une source même d'activité et de puissance.

On n'a pas le temps de se consulter sur ses propres prérogatives et celles des autres : on agit. On se renvoie les uns aux autres les affaires par le plus court, et nul n'a la faiblesse de se sentir froissé. La Commission des arts dépend officiellement du Comité d'instruction publique, mais elle est en correspondance continuelle et directe avec les autres Comités, avec les ministres, puis les commissions qui les remplacent, avec les autorités de province, et même avec les représentants en mission (1). A force d'activité et de dévouement à la chose publique, elle avait vu rapidement grandir son influence. A la fin de l'an II, elle rend des délibérations qui ont presque la valeur des arrêtés du Comité d'instruction, dont elle se détache de plus en plus et semble parfois même exciter le zèle. Ses rapports avec le Comité de salut public sont fréquents sans avoir rien de régulier. Tantôt elle est avisée par celui-ci qu'en certaines villes, à Rouen par exemple, les monuments des arts ne sont point garantis et que personne ne s'en occupe (2). Un autre jour c'est la Commission qui sollicite, à son tour, du Comité des mesures énergiques pour mettre ordre aux déprédations qui se com-

10 prairial : « Sur l'exposé du citoyen Montamau, qui indique les moyens de former promptement l'établissement des tablettes pour le dépôt littéraire de la maison des Cordeliers, la Commission arrête que le travail des tablettes dans ladite maison sera fait *révolutionnairement* et par urgence ». — Les livres en effet se détérioraient, la Commission avait écrit quatre lettres au département sans pouvoir obtenir cette menuiserie, et l'avait même menacé (30 floréal) de se pourvoir près du Comité de salut public.

(1) La Commission écrit aux représentants en mission à Commune-Affranchie pour les inviter à prendre des mesures pour faire mettre à l'abri les objets relatifs aux arts d'instruction, ainsi qu'aux arts mécaniques. Registre, 20 pluviôse.

(2) « Le président fait part d'une lettre du Comité de salut public, datée du 13 frimaire, concernant les objets relatifs aux arts existant à Rouen, pour lesquels il n'y a personne qui veille à leur conservation. » Registre, 8 nivôse. — Nous trouvons encore une lettre des administrateurs du district de Candel-la-Montagne, ci-devant Saint-Claude, avisant le Comité de salut public qu'on a trouvé un homme mort depuis mille ans, conservé par le même hasard que quarante cordeliers à Toulouse, et qui ne sert qu'à entretenir la superstition. Cet homme mort n'est autre que saint Claude lui-même. La lettre porte le cachet du Comité de salut public avec cette indication : « Renvoyé au Comité d'instruction le 13 ventôse an II », d'où la lettre alla à la Commission des arts (F¹⁷, carton 1307).

mettent à Douai (20 et 25 ventôse). Elle apprend (1) qu'on procède à la vente des animaux vivants qui existaient au Raincy chez le ci-devant d'Orléans ; elle décide aussitôt d'en aviser le Comité de salut public pour qu'il y mette ordre et qu'il empêche même la livraison des animaux vendus au mépris des décrets de l'Assemblée nationale, qui ont expressément ordonné de réserver pour la nation « tout objet pouvant servir à son éducation intellectuelle (2) ».

Quand le Comité de salut public veut prendre les soufflets d'orgues pour les forges de ses fabriques d'armes, la Commission lui remontre qu'il est plus avantageux de les laisser en place, parce qu'on risque, à les enlever, de détériorer les buffets (3). En même temps elle s'associe, pour conserver les jeux qui en valent la peine, un facteur d'orgues de Paris ; et tout d'abord, elle garantit, par une coûteuse cloison en planches, l'orgue de Saint-Germain-des-Prés menacé par les vapeurs de la raffinerie de salpêtre installée dans la ci-devant église.

Tout à coup (20 germinal) la Commission apprend qu'on est en train d'enlever la couverture de plomb de Saint-Denis. Elle dépêche aussitôt Vandermonde, un de ses membres les plus marquants, aux informations dans les bureaux du Comité de salut public, où on lui fait lire au registre un arrêté du 1ᵉʳ ventôse portant que toutes les églises couvertes en plomb et particulièrement celle de la ci-devant abbaye de Saint-Denis seront découvertes. Il ne faut pas oublier qu'à cette époque tout le fer de Paris avait été mis en réquisition, si bien que Chappe ne pouvait pas même s'en procurer pour ses machines télégraphiques ; à plus forte raison on manquait de plomb pour les projectiles. Mais l'arrêté du 1ᵉʳ ventôse ajoutait que Saint-Denis serait recouvert tout de suite en tuiles ou en ardoises, « avec la précaution de prendre des mesures pour que cette opération ne fasse éprouver aucune dégradation à l'édifice » ; la Commission des armes et poudres était expressément chargée de ce soin (4). Un long rapport en date du 10 floréal nous montre en effet que tout s'était passé pour le mieux, et que les dégradations avaient

(1) Registre de la commission des arts, 25 ventôse.
(2) A la vérité, Richard et Thouin, qui avaient été délégués, pour cet objet, près du Comité de salut public, ne purent être reçus, celui-ci « étant occupé d'objets de la plus haute importance », mais tout alla au mieux, le représentant Crassous, stationné dans le département, ayant donné les ordres nécessaires. Registre, 15 ventôse.
(3) Registre, 10 germinal.
(4) Registre, 20 germinal.

été à peu près nulles (1). A cette date toutefois, la Commission des armes et poudres, composée pourtant, elle aussi, d'hommes de science, n'avait point exécuté jusqu'au bout les ordres qu'elle avait reçus et n'avait pas fait recouvrir l'église (2). A la vérité, le Comité de salut public, en messidor, la mettra en vente (3), mais il ne faut pas oublier qu'elle avait perdu à la fois depuis longtemps tout ce qui en faisait la richesse et la sainteté. Dès le 1er août 1793 la Convention avait décrété la destruction des tombeaux ; le 24 brumaire, elle avait accueilli « par les plus vifs applaudissements » une députation de la commune de Franciade (le nouveau nom de Saint-Denis) lui apportant les objets les plus précieux du trésor de l'abbaye et la tête du saint.

Au milieu de tant d'occupations, la Commission des arts trouve encore moyen de rédiger dès nivôse, et de publier en ventôse, une fort longue *Instruction* sur les moyens de conserver provisoirement les objets tombant aux mains de la nation, de les inventorier, de les cataloguer. C'est une brochure in-4 petit texte de 70 pages, où l'on trouve jusqu'aux meilleurs procédés pour conserver les peaux des animaux morts (4).

Cette *Instruction* est répandue partout. On apprend (15 messidor) que Romme, en mission, a établi, dans différents lieux, des commissions particulières à l'effet de découvrir les objets de science et d'art qui pourraient s'y trouver, et que ce représentant n'a d'autre désir que de se conformer aux procédés suivis par la Commission temporaire. On ne perd pas une si belle occasion de lui adresser l'*Instruction*, dont quelques exemplaires viennent d'être imprimés sur du papier *refondu*, car on manquait aussi de papier, et il avait fallu en refaire avec celui des anciens registres et titres (5).

(1) Archives nationales, F¹⁷, carton 1048. Quelques parties vermoulues avaient simplement fléchi. Les dégâts ne montèrent pas à 1,000 livres.

(2) Registre de la Commission des arts, 10 floréal.

(3) « Garrez, de Franciade, prévient la Commission que, d'après un arrêté du Comité de salut public, on va procéder à la vente de la ci-devant église abbatiale. » Registre, 5 messidor.

(4) *Instruction sur la manière d'inventorier et de conserver, dans toute l'étendue de la République, tous les objets qui peuvent servir aux arts, aux sciences et à l'enseignement, proposée par la Commission temporaire des arts et adoptée par le Comité d'instruction publique de la Convention nationale.* Paris, Imprimerie nationale, an II. [Un second tirage, qui fut fait en messidor, contient, à la suite de l'*Instruction*, un *Rapport sur la remise à la Commission temporaire des arts des cartes du dépouillement des ouvrages imprimés ou manuscrits*, commencé à la Commission des monuments en 1790, signé Pommen et daté du 13 messidor an II. — J. G.]

(5) La citoyenne Masson avait proposé un procédé pour enlever l'impres-

Entre ces deux puissances, d'ailleurs fort inégales, du Comité d'instruction et du Comité de salut public, la Commission temporaire des arts, quoique dépendant du premier, se tourne résolument vers le second. C'est un très singulier caractère et très net de l'époque de la Terreur que cette gravitation des hommes de science autour du Comité de salut public : lui-même en tire gloire dès avant le 9 thermidor, et, après cette journée, les survivants s'en feront tous un titre devant l'histoire. Au contraire, le Comité d'instruction publique est presque délaissé et ne joue, pendant toute cette époque, qu'un rôle secondaire dans les questions qui semblent directement ressortir à ses attributions. Il ne faudrait pas croire cependant qu'il restât au-dessous de sa mission.

L'absence même de Lakanal nous rend plus attentifs à une foule de discours et de rapports présentés au nom de ce Comité par Romme, Fourcroy, Thibaudeau, Grégoire ; nous ne citons que les plus connus. Le 29 frimaire, la Convention adopte le projet d'instruction primaire présenté au nom du Comité par Bouquier. Le 8 pluviôse, à la suite d'un rapport présenté le 3 par Grégoire, elle ouvre un concours pour la composition de livres élémentaires à mettre entre les mains de la jeunesse (1). C'est le 18 messidor, aux jours les plus sanglants de la Terreur, qu'elle nomme, sur le rapport de Thibaudeau, le jury qui devra les juger ; Lagrange, Daubenton, Monge, Hallé, Vandermonde en feront partie, c'est-à-dire tout ce que la science possède de plus illustre. Les sourds-muets ne sont point oubliés : dès le 23 pluviôse, le Comité d'instruction publique a décidé de faire imprimer la méthode de l'abbé Sicard à deux mille exemplaires.

sion sans dénaturer le papier. La Commission des arts nomma Pelletier et Hassenfratz pour saisir le Comité de salut public de cette méthode nouvelle.

(1) Cette idée appartiendrait à la Commune, d'après Michelet : voir *Histoire de la Révolution*, 18 brumaire. [L'idée d'un concours pour la composition des livres élémentaires avait déjà été présentée dans un rapport fait en 1792 par Arbogast au nom du Comité d'instruction publique. — J. G.] Le 3 ventôse, le Comité d'instruction publique, dans une sorte de dissertation qu'il adresse à la commune de Libreville (Charleville), — laquelle a consulté le Comité sur un ouvrage intitulé : *Instruction sociale du républicain*, — nous donne, en désapprouvant cet opuscule, son opinion sur les qualités que doit avoir un livre élémentaire : « On n'y trouve pas ce qui caractérise un bon livre élémentaire : la régularité du plan, l'exactitude des définitions, la justesse des pensées et la correction du style ». (Archives nationales, F17, carton 1143.) [La pièce en question n'est plus dans le carton 1143, qui a été remanié ; il ne nous a pas été possible de la retrouver. — J. G.

L'attention du Comité d'instruction s'était aussi portée sur l'enseignement supérieur, ou ce qu'on appelait alors le dernier degré. Il veut organiser les écoles de santé, établir quatre observatoires, créer des bibliothèques, des cabinets de physique, des jardins botaniques (1). En réalité le Comité d'instruction représente l'esprit même du XVIIIe siècle et l'Encyclopédie. Ses patrons s'appellent d'Alembert, Diderot, Helvétius ; il procède d'eux (2), et tout montre que ses sentiments étaient alors dominants dans l'assemblée et surtout à la Montagne, tandis qu'ils devaient vivement déplaire aux Jacobins (3). On vit bien cet antagonisme lors du rapport de Robespierre sur les fêtes nationales. La première sera celle « de l'Être-Suprême et de la Nature » ; les autres sont toutes consacrées aux passions qui ennoblissent l'homme, à l'amitié, à l'amour filial, à l'amour des époux et ainsi de suite. Les fêtes nationales étant essentiellement dans les attributions du Comité d'instruction, celui-ci, quelques

(1) [Rapport et projet de décret sur le dernier degré d'instruction, présenté par Bouquier le 24 germinal. Ce projet fut ajourné. — J. G.]

(2) [Ceci n'est exact que pour une partie des membres du Comité d'instruction publique, Romme, Arbogast, Guyton-Morveau, Fourcroy, Léonard Bourdon, Ferry. On trouve à côté d'eux, dans ce Comité, des prêtres catholiques comme Grégoire, Villar, Coupé de l'Oise, un ministre protestant, Jay de Sainte-Foy, un ennemi déclaré des encyclopédistes, Petit, et plusieurs montagnards de nuance robespierriste, David, Bouquier, Mathieu, etc. — J. G.]

(3) C'est commettre une erreur historique que de représenter la Société des Jacobins comme hostile à la philosophie des encyclopédistes. Elle comptait dans son sein des représentants marquants de ces doctrines. Elle choisit successivement pour présidents, de brumaire à thermidor an II, des hommes d'opinions philosophiques assez diverses : Montaut, Anacharsis Cloots, Fourcroy, Bouquier, Jay de Sainte-Foy, Reverchon, Thirion, Lavicomterie, Ch. Duval, Legendre, Veau de Launay, Lebas, Vadier, Voulland, Foucher, Louis, Barère, Elie Lacoste ; mais les deux tiers au moins de ces noms sont ceux de personnages en qui on ne saurait voir des adversaires de l'esprit du XVIIIe siècle et de l'Encyclopédie. Si elle expulsa de son sein Anacharsis Cloots, ce fut comme étranger, non comme athée ; au scrutin épuratoire, Hébert, Momoro, Léonard Bourdon furent maintenus, tout comme Danton, Fabre d'Eglantine, Camille Desmoulins (ce dernier fut exclu le 21 nivôse à cause des numéros du *Vieux Cordelier*, mais Robespierre obtint que la Société revînt séance tenante sur le vote). Le 19 floréal, au lendemain du rapport de Robespierre sur l'Être-Suprême, il se passa au club des Jacobins deux faits bien caractéristiques : 1° La présidence de Lebas, ami personnel de Robespierre, venait justement de prendre fin ; pour le remplacer, les Jacobins élurent Vadier, celui-là même qui devait un mois plus tard présenter à la Convention le fameux rapport sur Catherine Théot, destiné à ridiculiser Robespierre et le culte de l'Être-Suprême ; 2° Brival, après avoir rappelé que Lequinio avait, la veille, « reconnu la sublimité des principes que Robespierre a développés dans

jours après, présente à son tour un projet (1) inspiré de celui de Robespierre, mais dans un esprit tout différent. L'Etre-Suprême a disparu, la première fête sera celle « de la Nature » et rien de plus. Un certain nombre de fêtes restent consacrées aux nobles sentiments, mais les saisons ont leur part : enfin la dernière sera celle de « l'électricité ». Cependant l'influence de Robespierre l'emporte, et les membres du Comité d'instruction, qui avaient biffé l'Etre-Suprême, durent suivre dans la procession l'instaurateur du nouveau culte (2).

son rapport », fit observer que ces principes ne s'accordaient pas avec deux ouvrages publiés par Lequinio, le *Bonheur* et les *Préjugés détruits*, où l'auteur « s'efforce de prouver qu'il n'existe point d'Etre-Suprême, et qu'après la mort tout est détruit ». Et quel accueil font les Jacobins à cette dénonciation? Ils interrompent Brival par des murmures, et l'on passe à l'ordre du jour. Lequinio demande à donner une explication « qui prouvera que la vertu est le seul mobile de ses actions ». On lui répond que c'est inutile, « la Société ayant déjà passé à l'ordre du jour, et témoigné par cette conduite qu'elle n'exigeait aucune justification de la part de Lequinio ». Il est superflu d'insister sur la signification d'une pareille démonstration. On remarquera en outre que le choix des présidents qui succédèrent à Lebas, de Vadier à Elie Lacoste, témoigne bien clairement des préférences de la majorité. — J. G.]

(1) *Projet de fêtes nationales, présenté au nom du Comité d'instruction publique,* par MATHIEU.

(2) [Nous sommes obligé de rectifier ici des erreurs matérielles au sujet du projet de fêtes nationales présenté par le Comité d'instruction publique. Ce projet n'est pas postérieur au rapport de Robespierre du 18 floréal : il lui est antérieur de plusieurs mois, et n'a pu, par conséquent, s'en inspirer. Dès le 3 frimaire, le Comité d'instruction publique avait chargé une commission de six membres de préparer un projet de décret sur les fêtes nationales; ce projet lui fut présenté par Mathieu, l'un des commissaires, le 5 nivôse; le Comité le discuta dans ses séances des 13 et 21 nivôse et 3 pluviôse, et arrêta, le 9 ventôse, que « pour mûrir son opinion particulière, et à cette fin pressentir l'opinion publique, le plan du rapporteur serait imprimé, et distribué aux membres de l'assemblée, le Comité se réservant de le soumettre à une discussion nouvelle, dans un court délai, pour en être ensuite présenté un rapport définitif et complet en son nom à la Convention nationale ». Le projet de décret de Mathieu fut donc imprimé dans le courant de ventôse, sous ce titre : « *Projet de fêtes nationales,* présenté au nom du Comité d'instruction publique, par Mathieu, député du département de l'Oise; à Paris, de l'Imprimerie nationale, l'an II de la République » (cette pièce est annoncée dans le n° 536 du *Journal des débats et des décrets,* correspondant au 19 ventôse). En tête de la brochure, on lit en épigraphe un passage du rapport de Robespierre sur les principes de morale politique qui doivent guider la Convention dans l'administration intérieure de la République, du 17 pluviôse, passage qui commence ainsi : « Nous voulons remplir les vœux de la nature, accomplir les destinées de l'humanité, tenir les promesses de la philosophie, absoudre la Providence du long règne du crime et de la tyrannie ». L'article 5 du projet de décret dit : « Ces fêtes (décadaires), instituées

III

Chose singulière, les Jacobins ne tiennent aucune place, absolument aucune, dans l'histoire de l'esprit scientifique pendant l'époque qui nous occupe, quoique le club réunisse une foule d'hommes qui ont au dehors une influence considérable sur les questions d'enseignement (1). Bouquier, l'auteur du projet d'instruction primaire, Fourcroy, le chimiste Hassenfratz, Monge, sont assidus aux séances, ils sont élus au bureau (2), ils président (3), et, quand on procède à l'épuration successive des

sous les auspices de l'Etre-Suprême, auront pour objet de réunir tous les citoyens, de leur retracer les droits et les devoirs de l'homme en société, de leur faire chérir la nature et toutes les vertus sociales »; et les articles 7 et 8 ajoutent : « Ces réunions fraternelles et périodiques auront lieu dans les édifices nationaux consacrés à un culte public... Ces édifices seront tous appelés Temples de la Raison ». On ne saurait donc dire, on le voit, que du projet de Mathieu et du Comité d'instruction publique « l'Etre-Suprême a disparu », que « les membres du Comité d'instruction avaient biffé l'Etre-Suprême »; ceux-ci y avaient au contraire écrit ce nom long-temps avant que Robespierre l'eût prononcé dans son rapport.

Le 11 germinal, le procès-verbal du Comité d'instruction publique nous apprend que le Comité « autorise Mathieu à se concerter avec le Comité de salut public pour le projet de décret sur les fêtes nationales ». Le résultat de ce concert fut que le Comité de salut public retint le projet, pour s'en réserver l'initiative, et chargea Robespierre de préparer un rapport sur cet objet. On doit donc dire, pour être exact, non que le Comité d'instruction publique présenta un projet inspiré de celui de Robespierre, mais, au contraire, que le projet présenté par Robespierre le 18 floréal avait été inspiré, pour une part du moins, par celui du Comité d'instruction publique. (Robespierre a emprunté au projet de ce Comité le titre de vingt et une des trente-six fêtes décadaires décrétées le 18 floréal.)

Détail curieux à noter : après le 9 thermidor, Mathieu reprit, en son nom personnel (il ne faisait plus partie du Comité d'instruction publique), le projet de ventôse an II, et le fit imprimer de nouveau, en nivôse an III, avec quelques modifications. Les fêtes sont toujours instituées « sous les auspices de l'Etre-Suprême », mais le Temple de la Raison est devenu le « Temple décadien »; quant à l'épigraphe empruntée à Robespierre, elle a naturellement disparu : Mathieu l'a remplacée par une phrase insignifiante de l'abbé Raynal. C'était, on le sait, un arrêté du Comité de salut public du 23 floréal an II, rendu à la suite d'une pétition du Conseil général de la commune de Paris, qui avait ordonné que l'inscription *Temple de la Raison* serait effacée du frontispice des édifices ci-devant consacrés au culte : les thermidoriens se gardèrent bien de la rétablir. — J. G.]

(1) [Est-il besoin de rappeler que la Société des Jacobins était un club politique, qui n'avait pas pour objet de s'occuper de questions de science? — J. G.]

(2) Monge est élu secrétaire le 29 nivôse, et plus tard vice-président.

(3) Fourcroy est président des Jacobins du 11 au 26 frimaire. Il a pour successeur Bouquier.

membres, au moment où commence la lutte de Robespierre et
de Danton, tous ces hommes de science « sortent purs du
creuset des épreuves ». Et pourtant, malgré leur autorité dans
la Société, celle-ci ne met jamais à l'ordre du jour une seule
question touchant aux sciences et à l'instruction. L'esprit qui
l'anime avant tout est celui de Rousseau. Pour les Jacobins la
grande affaire, c'est l'éducation. Aussi quand Bouquier vient y
lire (le 21 frimaire) son projet d'instruction auquel la Convention vient d'accorder la priorité, voyons-nous Hassenfratz dire
qu'on donne trop de place aux sciences. Dufourny renchérit et
veut pour tous un système égalitaire, dont on retrouvera l'es-
quisse dans un travail déposé à la Convention pendant les premiers mois de 1793 par Robespierre, et où il y a encore quelques
bonnes choses (1). Mais, depuis cette époque, il est évident que
l'esprit jacobin s'est replié sur lui-même, et que nous tendons
de plus en plus à ce système antiphysiologique dont Saint-Just
trace le plan dans ses *Institutions,* laissant les filles à la maison,
tandis qu'on embrigade tous les enfants mâles de six ans pour
les soumettre à une vie uniforme qui semble inspirée moins
encore des souvenirs de Sparte que des règles monastiques.

A tout prendre, l'hébertisme a ici l'avantage sur les doctrines
en vigueur aux Jacobins. Quand Bouquier a fini de lire son
projet, le membre du club qui applaudit avec le plus de chaleur
est Hébert. Il félicite la Convention d'avoir, comme autrefois le
sénat romain vendant le champ d'Annibal, fixé l'établissement
d'une école de génie à Valenciennes qui est encore au pouvoir
de l'ennemi (2). Il demande que la Société, pour s'occuper
dignement d'un sujet aussi intéressant que l'instruction publique, mette continuellement à l'ordre du jour le plan qui vient
de lui être proposé.

Hébert parlait dans le désert. Dans cette société d'hommes
distingués, l'instruction publique excitait certainement moins

(1) [Il est probable que c'est du plan de Lepeletier, lu à la Convention
par Robespierre le 13 juillet 1793, que G. Pouchet veut parler ici. — J. G.]

(2) [Il ne faudrait pas que les paroles d'Hébert fissent croire que la
Convention aurait en effet rendu ce jour-là un décret relatif aux écoles de
génie. L'assemblée avait simplement, le 21 frimaire, accordé la priorité au
projet de décret de Bouquier, formant un plan général d'instruction
publique. Ce projet comprenait cinq sections; et l'article 4 de la section IV prévoyait l'établissement de quatre écoles de génie et d'artillerie,
dont une à Valenciennes. Les trois premières sections du projet furent
seules votées, et formèrent le décret du 29 frimaire. Quant aux deux der-
nières, présentées de nouveau le 24 germinal, elles furent indéfiniment
ajournées. — J. G.]

les esprits qu'à la commune, qui elle-même ne vit rien au delà
de l'école primaire. Dès le 27 septembre, Chaumette avait fait
abolir les peines corporelles dans les maisons d'éducation. Il a
son système sur la manière d'élever les filles, le même que
Molière faisait applaudir à la cour de Louis XIV dans le per-
sonnage des *Femmes savantes*. Chaumette reçoit fort mal, un
jour, quelques femmes qui s'étaient affublées du bonnet rouge,
« emblème viril des sans-culottes ». Le 21 pluviôse (1), une
mère présente à la commune sa fille âgée de six ans, qui vient
réciter des vers. Elle s'en acquitte, paraît-il, assez bien, et quelques applaudissements semblent encourager le petit prodige.
Mais le président fait remarquer que telle n'est peut-être pas la
bonne voie pour élever les jeunes citoyennes. La mère, qui est
jolie, insiste et veut défendre le précoce talent de la fillette.
Chaumette alors se lève, excuse la mère qui a cru bien faire,
mais il l'engage plutôt à apprendre à son enfant à faire des bas.
« Lorsqu'elle en aura tricoté une paire, dit-il, vous la ramènerez
ici, et nous en arrêterons mention civique. » Les détails donnés
tout au long dans les journaux du temps prouvent l'importance
qu'on attache à l'incident.

Cloots n'était pas moins décidé sur la question de l'instruction primaire que Chaumette ou Hébert. Et si ces trois noms se
trouvent ici réunis, qu'on n'y voie point d'autre intention que
celle de grouper tous les documents qui nous sont restés sur les
opinions des chefs d'un même parti. Cloots était membre du
Comité d'instruction; dans l'*Opinion* sur les spectacles, qu'il
publia en nivôse, il appelle l'instruction « une étoffe de première
nécessité dans un pays libre (2) ». Il raconte, dans une note,
comment il avait vu par une belle journée d'automne deux
jeunes sans-culottes étendus sur l'herbe des Champs-Elysées,
avec un livre, et qui se servaient mutuellement de mentor. Il
s'approche, interroge les gamins qui lui font une réponse, en
grands mots empruntés à quelque orateur de section, sur la
nécessité de l'instruction dans un pays libre, « et nous voilà
tous trois, ajoute Cloots, criant à tue-tête: Vive la République! »
Nous ne nous serions pas attaché à cette anecdote connue si un

(1) Voir le *Journal de la Montagne*.
(2) *Instruction publique : Spectacles*, Opinion d'Anacharsis Cloots,
membre du Comité d'instruction publique. « J'en conclus que nous éta-
blissions des écoles militaires, des écoles de musique et d'équitation, des
écoles de marine et de médecine, des bibliothèques publiques, des cabinets de physique, des laboratoires de chimie, des jardins de botanique... »

rapport de police (1) ne donnait textuellement quelque temps après (21 ventôse) ce témoignage d'autant moins suspect qu'il est plus étranger à la politique : « De tous côtés on demande l'établissement des écoles primaires ; la jeunesse a beaucoup de dispositions à recevoir les éléments du républicanisme ». Cloots, comme Hébert et Chaumette, n'était donc que la voix de ce grand Paris, qui avait soif d'instruction (2).

Comment ceci s'accordait-il avec la guerre déclarée de toutes parts aux monuments? Le grand crime des hébertistes, de la commune, des sections, des sociétés populaires fut l'ignorance. Elle éclate à chaque instant, et, si elle n'est point une excuse, elle doit du moins nous faire prendre en pitié plutôt qu'en haine ces hommes laissés, par le régime passé, dans un abêtissement dont la Convention faisait à ce moment même un suprême effort pour les tirer. Le peuple, ne sachant pas la valeur des choses, n'en voit que la signification; si elle le blesse, il détruira pour faire disparaitre la source d'une impression désagréable (3). Qu'on y réfléchisse, on verra que rien n'est plus logique. Nous en parlons bien à notre aise, connaisseurs qui savons voir à la fois dans un objet d'art et ce qu'il représente, et la main qui l'a fait, et l'époque qu'il rappelle. Mais nous sommes fous de vouloir les mêmes délicatesses chez ceux dont la misère, le travail grossier, l'ignorance, ont privé les sens de la même finesse.

Le peuple de la Révolution s'en prend à tout ce qui signifie à ses yeux royauté, féodalité, superstition. Mais cette manie de détruire ne fut jamais un système, elle est instinctive, tout

(1) Voyez A. Schmidt, *Tableaux de la Révolution*, Leipzig, 1869, t. II, p. 144.

(2) Le 9 floréal, la commune nomma une Commission centrale de surveillance des écoles primaires. — On lira avec intérêt, dans la séance du Conseil général de la commune du 28 germinal (Voir le *Journal de la Montagne*), une diatribe de Jault contre un livre « bête, pitoyable, dégoûtant, intitulé *Journal de l'autre monde*. Les pères de famille rechercheront des livres où l'instruction est basée sur le respect pour la représentation nationale. Les mœurs! s'écrie-t-il, qu'elles soient à jamais votre règle! »

(3) On avait établi au château d'Écouen une ambulance ; la Commission militaire, sur la plainte des malades qui commençaient à murmurer, écrit à la Commission des arts, le 26 messidor, pour faire enlever promptement des vitraux, où s'offrent des « restes de féodalité et de fanatisme qui blessent l'œil clairvoyant du républicain ». (F¹⁷, carton 1048.) — De même, la commune invite, le 14 frimaire, la Commission des arts à faire enlever les tableaux et monuments précieux existant dans le temple de la Raison, ci-devant église métropolitaine, « parce qu'il est très essentiel que des yeux républicains ne soient plus offusqués par ces restes scandaleux du fanatisme ». (F¹⁷, carton 1048.)

individuelle, elle dépend des circonstances et se modifie. Au commencement du second mois, la commune fait jeter à bas toutes les statues du porche de Notre-Dame, sans doute parce qu'elles ont une couronne sur la tête. En pouvait-il être autrement quand, à ce moment même, les journaux comme le *Moniteur*, lus par la classe la plus éclairée, déclarent qu'on ne saurait jouer aux échecs? Les trésors des chapelles ne sont pour la commune que des « hochets d'église (1) »; mais on sait aussi avec quelle complaisance la Convention reçut toujours ces sortes d'offrandes patriotiques, quoiqu'elle eût à plusieurs reprises rendu des décrets pour protéger les monuments, les livres, les gravures qu'une fleur de lys dans l'écusson de la dédicace suffisait à faire jeter au feu. La Commission des arts, de son côté, se multiplie, elle a l'œil à tout. Elle cherche à gagner du temps avec les administrateurs du district de Franciade qui veulent démolir les clochers de la ci-devant abbaye (2). La société populaire de Loudun rêve aussi de détruire « tous les clochers et autres objets élevés qui peuvent servir de ralliement aux brigands qui infestent la Vendée et qui présentent des signes de superstition et de catholicisme ». La Commission renvoie la lettre à la Commission des poids et mesures, « chargée spécialement de la destruction ou conservation de ces corps élevés, selon le degré d'utilité dont ils peuvent être pour les observations météorologiques (3) ». A l'inverse, certains districts demandent des renseignements sur la valeur d'objets d'art et s'informent s'il les faut conserver.

A Paris les rapports de la Commission des arts avec les sections diffèrent selon le tempérament de celles-ci; dans les unes elle trouve des auxiliaires dévoués; d'autres lui donnent fort à faire. Le comité civil de la section du Muséum, quand on va transformer le temple de la Raison, ci-devant Saint-Germain-l'Auxerrois, en raffinerie de salpêtre, écrit à la Commission des arts de faire enlever les grilles du chœur, « monument précieux et propre à faire connaître dans tous les temps le haut degré de

---

(1) Dans un arrêté du 18 brumaire sur les objets pieux des églises, il n'est absolument question de ceux-ci qu'au point de vue du poids du métal. (F¹⁷, carton 1048.) Plus tard, toutefois, les idées de la commune sur ces matières se modifient, sans aucun doute sous l'influence des décrets rendus par la Convention pour préserver les objets d'art.

(2) La question de la destruction des clochers avait été déjà antérieurement agitée au sein de l'Académie des sciences. Voy. BERTRAND.

(3) Registre de la Commission des arts, 25 prairial.

perfectionnement auquel les artistes ont porté l'art de travailler le fer (1) ».

Le comité révolutionnaire de la section de Chalier va célébrer dans l'église de la Sorbonne une fête en l'honneur de la victime lyonnaise. Il fait prévenir la Commission des arts d'avoir à enlever les marbres qui peuvent y rester encore, afin de prévenir toute destruction aveugle. Nous avons, quelques jours après, la preuve que telle était bien la pensée du comité. Un tableau a été mutilé, très probablement pendant la fête. Le comité révolutionnaire s'empare de l'affaire et adresse à la Commission des arts un extrait de son procès-verbal, afin qu'on puisse juger de l'importance du délit et le dénoncer, s'il y a lieu, aux autorités qui en doivent connaître. La Commission félicite le comité de la section de Chalier de son zèle, et l'informe qu'heureusement cette toile n'était qu'une copie (2).

Beaucoup moins traitable (3) fut la section du Bonnet-Rouge (Croix-Rouge), qui avait fait de Saint-Sulpice un temple à la Philosophie. On avait enlevé un certain nombre de statues et de marbres, mais d'autres furent brisés sans que la Commission des arts eût pu l'empêcher. Nous la trouvons aussi fort inquiète au sujet de la méridienne tracée en 1743 sur le pavé de l'église par l'astronome Lemonnier. Cette méridienne passe sur les marches du maître-autel. On avait commencé de les démolir : la Commission demanda au Comité un sursis, pour qu'on pût au moins prendre des repères afin de tracer exactement la méridienne à la place des marches (4). Déjà, au début de l'année, la Commission des arts avait eu un autre souci. Il s'agissait des deux grandes valves de *Chama gigas* qui servent de bénitiers, et

(1) Extrait du registre des délibérations du comité civil de la section du Muséum, 24 pluviôse. (F¹⁷, carton 1948.)

(2) Registre de la Commission des arts, 30 messidor.

(3) Un témoignage, postérieur à la vérité au 9 thermidor, nous montre que la section de l'Observatoire était fort peu commode. Nouet, astronome de l'Observatoire, dénonce, le 5 fructidor, à la Commission des arts Ruelle, membre du comité révolutionnaire de la section; « on lui reproche son ignorance crasse, et les moyens de persécution qu'il a employés contre des savants, membres de l'Observatoire, ses collègues ». — [La dénonciation de Nouet ne prouve rien que son animosité contre Ruelle, qui était l'un des quatre astronomes de l'Observatoire. Dom Nouet était un ecclésiastique ennemi de la Révolution, Ruelle était un patriote exalté. — J. G.]

(4) Registre de la Commission des arts, 10 germinal. Le Comité d'instruction avait été saisi, vers cette époque, des dégradations commises dans Saint-Sulpice et avait autorisé Mollard, membre de la Commission, à s'y transporter. (F¹⁷, carton 1144.)

qu'on voit dans l'église, de chaque côté de la première colonne, portées sur des pieds de marbre sculptés (1). C'était à la fin de brumaire, la section allait célébrer une fête de la Philosophie. La Commission des arts craint que la foule ne compromette les deux précieuses coquilles, elle charge Lamarck, professeur au Muséum, de veiller à leur déplacement; et c'est de sa main que nous savons comment les choses se passèrent. Il se rendit à l'église, accompagné des commissaires du pouvoir exécutif et de ceux de la Commission. Après avoir constaté que les coquilles étaient en bon état, on voulut les enlever, mais c'était tout un travail, elles tenaient solidement scellées au mur; on ne trouva pas d'ouvriers ou ils n'eurent point le temps, bref le soir arriva et les deux bénitiers étaient encore en place. Alors Lamarck prend deux bandes de papier et il y écrit en grosses lettres : « Respect aux propriétés nationales », et les colle sur les coquilles avec le cachet de la Commission des arts. Puis, comme cette injonction toute platonique aurait pu ne pas suffire, il s'adresse au comité de surveillance de la section pour qu'on mette des sentinelles. Et c'est ainsi que les soldats de l'armée révolutionnaire ont gardé les bénitiers de Saint-Sulpice pendant la fête de la Philosophie (2).

IV

Il est très difficile d'apprécier quel était alors l'esprit dans la province et jusqu'à quel point elle s'associa à cette croisade contre tous les emblèmes des idées du vieux monde. Les histoires locales font défaut. Autant qu'on en peut juger, les départements offrirent le même contraste de barbarie ignorante et de bonne volonté qu'on trouvait dans les sections de la capitale. Mais il est certain, d'autre part, qu'ils reçurent le contre-coup de l'activité scientifique qui dévorait Paris. Les manufactures d'armes créées par le Comité de salut public, les musées, les

(1) L'année suivante, la commune d'Annonay devait offrir deux coquilles aussi grandes, celles-là même, croyons-nous, qui sont actuellement au Muséum, de chaque côté de l'horloge apportée de Trianon (F^{17}, carton 1229.)

(2) Nous avons le procès-verbal de toute cette affaire (F^{17}, carton 1224). Nous apprenons, d'autre part, que ce rapport fut déposé à la Commission des arts le 10 frimaire, et qu'en outre, à cette date, le comité révolutionnaire de la section du Bonnet-Rouge avait fait desceller les coquilles, qui furent transportées dans un dépôt national. (Registre de la Commission des arts, 10 frimaire.)

bibliothèques, les jardins botaniques vont faire pénétrer les connaissances scientifiques, et le nom des savants à qui on les doit, jusqu'au fond des districts.

La Convention, par deux décrets successifs du 16 et du 22 germinal, annonce le projet de créer dans les départements des bibliothèques et des jardins botaniques. Par le second, rendu sur le rapport de Grégoire au nom du Comité d'instruction, elle presse l'inventaire de tous les livres devenus la propriété de la nation (1). Par le décret du 16, elle enjoignait aux administrateurs de district « de constater l'état des jardins et des plantes rares qui pourront s'y trouver, et de prendre sans délai les plus actives mesures pour leur conservation provisoire et leur entretien ». Peu de temps après, les Comités d'instruction et des domaines réunis adressent à tous les districts un questionnaire pour avoir des renseignements sur ce qui a été fait et ce qui existe. On y demande entre autres choses s'il se fait dans ces jardins « des observations météorologiques ». La météorologie, qui attend aujourd'hui encore en France un enseignement officiel (2), et qui n'a que depuis quelques années ses établissements spéciaux, préoccupait vivement les hommes d'alors, qui en auraient certainement fait une science toute française, si les traditions de cette époque ne s'étaient presqu'aussitôt perdues.

Le 15 floréal, le Comité de commerce, à son tour, propose à la Convention un décret organisant un jardin des plantes dans chaque département (3). Le triple but qu'on doit se proposer est très bien défini : « science, culture, acclimatation ». Ces jardins devront servir à inspirer le goût de la botanique, à multiplier les végétaux utiles, à introduire dans l'usage les espèces étrangères. On semble hésiter cependant entre cette destination plus particulièrement scientifique et des espèces d'écoles agronomiques qu'il est aussi question de fonder sous le nom de Métairies nationales (4).

(1) Rapport de Grégoire sur la bibliographie, 22 germinal an II. — Déjà le 8 pluviôse, sur le rapport fait par Coupé au nom du Comité d'instruction, la Convention avait décrété que des bibliothèques seraient établies dans tous les districts.

(2) [Ceci était écrit en 1873. — J. G.]

(3) Rapport et projet de décret relatif à l'établissement des jardins des plantes dans les départements, par Boisset, 15 floréal an II.

(4) Nouveaux développements sur l'établissement de maisons d'économie rurale, par Grégoire, 16 brumaire an II. — Par décret du 12 prairial, la Convention ordonne que la trésorerie tiendra à la disposition de la Commission d'agriculture la somme de 150,000 livres, pour les dépenses néces-

Il y avait à Courset, près de Boulogne, un ancien noble du
nom de Dumont, qui possédait un fort beau jardin botanique
avec des serres où l'on voyait des plantes qui n'existaient pas
dans celles de Paris. Ce jardin passait pour le second de France.
Mais Dumont avait été compris comme ex-noble dans une mesure générale prise par Saint-Just et Lebas en mission à l'armée
du Nord ; on l'avait jeté à la prison des Ursulines de Boulogne.
Sur ces entrefaites voilà qu'on lui adresse une caisse de plantes
rares, et pour comble d'infortune il fait un temps superbe, qui
menace les jeunes pousses. Dumont fait part de ses inquiétudes
aux administrateurs du district révolutionnaire. Ceux-ci, dans
leur séance publique et permanente du 6 floréal (1), discutent
l'affaire et décident de s'adresser directement à Paris au Comité
de salut public, pour demander l'élargissement du citoyen
Dumont, qui est estimé de tous et qui passe d'ailleurs (grande
recommandation) pour avoir dépensé une partie de sa fortune
« à former une collection utile à la patrie, tant pour la partie
spécialement botanique que pour l'agriculture en général ». On
allègue le récent décret de la Convention (16 germinal) qui
ordonne de veiller à l'entretien des jardins botaniques, en ajou-
tant que personne dans le pays n'est en mesure de donner aux
plantes du citoyen Dumont les soins qu'elles réclament. On
décide en outre qu'en attendant la réponse de Paris, on va
mettre Dumont en liberté provisoire pendant une décade sous
la surveillance d'un garde qu'il paiera ; on lèvera chez lui les
scellés de la salle à manger et de la chambre qu'il doit occuper
avec son garde, puis celui-ci le ramènera au bout de dix jours
pour être, s'il ne survient pas d'autre décision, « réintégré dans
la prison des Ursulines au nom de l'intérêt général ». L'affaire à
Paris traîna dans les comités jusqu'en messidor (2), mais déjà
la Commission des arts avait envoyé à Boulogne un agent (3)

saires à l'entretien des jardins botaniques et des plantes rares des divers
districts.

(1) F¹⁷, carton 1225.

(2) Voyez le rapport au Comité de salut public, F¹⁷, carton 1225. Le
projet primitif portait la proposition de mise en liberté, mais on décida
de demander préalablement l'avis du Comité d'instruction publique.

(3) Cet agent était le nommé Tiesset fils, employé dans les bureaux de
la Commission. Les instructions qu'il emporte sont intéressantes : « Il
avisera à conserver la collection Dumont, mais, en même temps, il s'in-
formera du nombre des livres d'émigrés, de ci-devant couvents, et autres
qui pourront appartenir à la nation. Il pressera autant qu'il sera en lui la
confection des catalogues et se fera remettre ceux qui sont déjà faits ; il
prendra connaissance des monuments publics, des objets relatifs à l'his-

pour veiller à la conservation des plantes rares, tandis qu'elle s'employait à faire mettre Dumont en liberté. Elle réussit, et le 1ᵉʳ thermidor l'amateur de jardins lui écrit ses remerciements (1); il ne garda pas rancune à la République, et nous le retrouvons, à peine en liberté, préparant des boutures et des graines pour les jardins botaniques qu'il sera de nouveau question en l'an III de créer dans les départements.

Si Saint-Just et Lebas avaient failli compromettre les richesses botaniques de Dumont, d'autres représentants en mission, sans attendre les décrets de l'assemblée, avaient favorisé de tout leur pouvoir la création ou le développement de ces jardins botaniques, qui étaient alors comme un besoin de l'époque. Fouché, Fouché lui-même, avons-nous dit, en mission à Nevers dans le courant de septembre 1793, met en réquisition l'enclos des ci-devant Minimes, pour faire un jardin botanique où il place un directeur et un démonstrateur (2). Lakanal est envoyé à Bergerac installer une manufacture d'armes. Il crée, lui aussi, un jardin botanique, et rien n'est assez grand, à son gré, pour l'école d'économie rurale qu'on y doit placer. S'il n'y a point encore de cours de botanique, c'est qu'on n'a pas trouvé de botaniste dans le canton. Il n'y a pas d'orangerie, mais on transportera celle d'un émigré du voisinage; on apportera aussi tous les livres relatifs aux sciences naturelles, provenant des ci-devant châteaux de la Force et de la Pile. Il y aura également un cabinet d'histoire naturelle, car rien ne doit manquer à l'instruction; déjà l'herbier contient 4,000 plantes et augmente chaque jour. On a fait venir de Paris un jardinier que Daubenton a aussitôt envoyé. Enfin on a installé un rucher dont le miel — détail charmant — est destiné à l'usage des malades

toire naturelle, aux collections précieuses, à la minéralogie et en général de tous ceux qui peuvent être relatifs aux attributions de la Commission. » A ces instructions est joint une sorte de passeport avec le signalement de Tiesset. Le 26 messidor, Tiesset écrit qu'il est arrivé le 23, qu'il va aller voir la collection de Dumont qui vient d'être mis en liberté Il ajoute : « L'instruction publique est en général très négligée; les instituteurs sont en général peu instruits, j'ai remarqué sur cette partie plusieurs abus sur lesquels je me propose de vous faire un rapport. La souscription pour le charbon a été accueillie avec ce saint enthousiasme qui caractérise les amis de la République... » (F¹⁷, carton 1229).

(1) Les lettres de Tiesset nous apprennent que Dumont avait été mis en liberté dès avant le 26 messidor par ordre du Comité de salut public, sur la demande de la Commission d'agriculture (F¹⁷, carton 1220).

(2) Arrêté pris le 23 septembre 1793 sur la réquisition du représentant du peuple Fouché (F¹⁷, carton 1225).

de l'Hospice. Il n'existe encore aucun bâtiment, mais cela ira vite, et quatre citoyens « d'un patriotisme reconnu » sont nommés d'avance pour régir l'établissement sous l'œil de l'administration. Tout cela est organisé; les constructions sortent de terre à vue d'œil; les murs ont déjà cinq pieds quand éclate la révolution de thermidor. Deux ans plus tard, sous le gouvernement des thermidoriens, tout était encore au même point à Bergerac (1) et à Nevers (2). Les fondations de Fouché et de Lakanal étaient sacrifiées à l'esprit nouveau.

V

Le *Moniteur* du 8 septembre 1793 annonce la mise en vente de la 57e livraison de l'*Encyclopédie* par Monge, Fourcroy, Cassini, Duhamel, etc. Le même numéro contient les discours de Barère, de Billaud-Varenne et du pasteur Jeanbon Saint-André demandant à la Convention, dans la séance du 5 septembre, de « placer la Terreur à l'ordre du jour ». La Révolution jusqu'à cette époque n'avait point interrompu le progrès des sciences. Le Comité de salut public va les exciter encore pour sauver la patrie. Mais le goût même des sciences ne fut point paralysé dans le public par ce régime que nous considérons en arrière de nous avec tout l'effroi qu'il inspirait alors aux ennemis de la Révolution. En pleine Terreur nous voyons éclore une revue scientifique et littéraire, la *Décade philosophique*, qui vivra jusque vers l'an X et où l'on trouve quelques travaux de valeur. Elle commence de paraître en floréal an II et poursuit au milieu des événements sa paisible propagande. En messidor, au moment où la loi de prairial a tout à coup donné une si terrible impulsion au système de gouvernement par la terreur, la *Décade* publie des dissertations sur la récolte du miel et l'exploitation des ruches. Le 5 thermidor, l'article principal est sur le sommeil des plantes. On se croirait au temps des *Géorgiques* et des rustiques loisirs, si vingt fois dans le courant

(1) Voir lettre du 17 prairial an IV et réponse du district au questionnaire sur les jardins botaniques (F17, carton 1225.)

(2) Dès le 9 fructidor, la Commission exécutive de l'instruction publique avait refusé de conserver la création du jardin botanique, en alléguant la lettre du décret du 16 germinal, laquelle dit simplement : « Les administrateurs de districts constateront l'état des jardins ou des plantes rares qui se trouveront dans leurs jardins respectifs. Elles prendront sans délai les mesures pour activer leur conservation provisoire et leur entretien. »

du premier volume et jusqu'à la dernière page ne revenaient, au bas d'arrêtés intéressant les sciences et les établissements scientifiques, les noms des membres du Comité de salut public.

Les *Annales de chimie* avaient cessé de paraître en juillet 1793, avec le dix-huitième volume. Le dix-neuvième ne fut publié que trois ans après, en l'an V, « par les citoyens Guyton, Monge, Berthollet, Fourcroy, Adet, Séguin, Vauquelin, Pelletier, C.-A. Prieur, Chaptal et Van Mons ». Dans l'avant-propos ils disent que « la nécessité de s'occuper uniquement de la défense de la République, les événements de la Révolution, enfin les occupations et les fonctions publiques des auteurs sont les causes naturelles de cette suspension ». En un temps où chacun jetait l'anathème aux vaincus de thermidor, les nouveaux éditeurs des *Annales* n'y songent point. Et en vérité comment l'eussent-ils fait? Le volume commence par la réimpression d'un Mémoire de Vandermonde, Monge et Berthollet sur la fabrication du fer, « publié par ordre du Comité de salut public » au commencement de l'an II. Quelques pages plus loin, c'est un travail sur un procédé pour extraire la soude du sel, également publié en messidor par ordre du même Comité.

Le Comité de salut public fut en effet l'âme d'une somme prodigieuse de travaux scientifiques accomplis. Il eut ce sentiment très net qu'il vaincrait par la science; il sut l'employer; il eut un mérite encore plus rare chez les gouvernements, il s'en fit gloire. De là ce caractère particulier des sciences à cette époque d'avoir été tournées uniquement vers l'application, soit pour activer les grandes entreprises déjà commencées, soit pour créer de nouvelles merveilles, comme l'industrie du salpêtre, la fabrication des canons, l'affinage de l'acier.

L'histoire de l'aérostation appliquée à la guerre appartient entièrement à l'époque qui nous occupe. Dès le 4 du second mois, le Comité de salut public arrête qu'un ballon capable de porter deux hommes sera préparé pour l'armée du Nord; il affecte à ce service une dépense de 50,000 livres et charge de l'organiser les citoyens Coutelle, Conté et Lhomond (1). Le Comité, moins encore que Louis XIV, n'avait coutume d'attendre (2) : tout doit être prêt sous huitaine. Ainsi fut fait. Quatre

____

(1) [Cet arrêté est imprimé dans le *Recueil des actes du Comité de salut public*, de M. Aulard, t. VIII, p. 3. — J. G.]

(2) Le 19 du premier mois, la Convention avait rendu le décret suivant : « L'inertie du gouvernement étant la cause des revers, les délais pour l'exécution des lois et des mesures de salut public seront fixés. La violation des délais sera punie comme un attentat à la liberté. »

jours après, Coutelle part, et le 14 brumaire le ballon le suit au quartier général de l'armée combinée du Nord et des Ardennes.

Qu'arriva-t-il? Le 4 frimaire, Coutelle est déjà revenu rendre compte d'un essai infructueux qu'il a fait, et il demande de nouvelles instructions. Le Comité ajourne l'usage des ballons à la prochaine campagne avec ce remarquable considérant : « quo les obstacles apportés par la saison pourraient faire prendre des accidents pour des difficultés insurmontables ». On transporte l'aérostat au Petit-Meudon, afin de se livrer à de nouveaux essais, et l'on prépare tout pour la nouvelle campagne. On se souvient alors que le général Meusnier, tué à la défense de Mayence, a dû laisser un mémoire manuscrit sur les avantages qu'on peut tirer des ballons à la guerre. Il faut à tout prix retrouver ce document. Le comité de la section Mutius Scævola est chargé de faire une perquisition dans la maison qu'habitait Meusnier; on ne découvre rien. Carnot dépêche alors au commandant du génie de Cherbourg l'ordre de fouiller un logement qu'occupait dans la ville le savant officier avant d'être dirigé sur la frontière. En même temps, on fait fabriquer à Lyon des étoffes de soie inconnues jusque-là, qui réuniront les conditions de légèreté et de solidité voulues. On fait chercher à Dijon deux nacelles ayant déjà servi, qui doivent exister à l'Académie de cette ville. Enfin on organise à Meudon une compagnie d'aérostiers, qui apprennent militairement la manœuvre des ballons de guerre (1).

Le 1er floréal tout est prêt, et Coutelle se dirige avec son ballon sur Maubeuge, où durent avoir lieu les premières ascensions. Deux mois après, l'aérostat s'élevait sur le champ de bataille de Fleurus (8 messidor). Le représentant Guyton le montait avec un officier nommé Lamet. Au dire de M. Louis Blanc, Jourdan, dans ses mémoires, aurait écrit « que le ballon fut si peu utile que depuis on n'en a plus fait usage ». Les faits donnent un démenti formel à cette assertion. Jourdan lui-même perdit à Würzbourg un ballon qui figure encore parmi les trophées de guerre à l'arsenal de Vienne, au milieu de drapeaux tricolores surmontés du bonnet rouge. Bonaparte emporta avec lui des ballons en Égypte; ils furent perdus à Aboukir, et Conté en fit incontinent fabriquer de nouveaux. Si l'opinion de Jourdan fut telle en effet qu'il le dit dans ses mémoires, il est certain du moins que le Comité de salut public

(1) Voir les pièces concernant ces détails aux Archives nationales, AFu, carton 67.

ne partagea pas l'opinion du vainqueur de Fleurus, car il double aussitôt le nombre des aérostiers et commande six ballons. Jourdan pouvait être un excellent général, mais nul ne contestera la compétence militaire du Comité de salut public, et son opinion vaut la peine qu'on s'y arrête. Bien d'autres traditions qu'il commença furent abandonnées. Avec l'élément civil, la science disparut peu à peu des armées; la guerre cessa d'être ce qu'elle était en l'an II : une école scientifique permanente. L'avenir nous réservait d'apprendre plus tard au prix d'une terrible expérience quels services l'emploi des ballons, combiné avec celui des pigeons, peut rendre, en permettant, malgré les blocus les plus rigoureux, un échange régulier d'ordres et de nouvelles entre une place investie et l'extérieur.

La création du télégraphe est antérieure à l'an II, et l'inauguration de la première ligne de Paris à Lille n'aura lieu qu'après thermidor : c'est pendant la Terreur qu'elle fut installée. Dès le 26 juillet 1793, la Convention avait nommé Claude Chappe « ingénieur télégraphe », et s'en était remise à son Comité de salut public du soin d'examiner quelles lignes il convenait d'établir tout d'abord. Les extraits qui ont été publiés de la correspondance de Chappe avec Lakanal montrent que ce n'est pas sans difficulté qu'il était parvenu à réaliser ses premiers essais. Les pièces que nous avons eues sous les yeux aux Archives font foi que plus tard, en l'an IV, les ennuis, les misères qui assaillent d'ordinaire les inventeurs ne furent pas épargnés au créateur du télégraphe. En 1793, le Comité des finances n'avait point d'argent pour tenter une expérience décisive; en l'an IV, c'est encore l'argent qui manque pour payer les employés. Eh bien! les pièces nombreuses qui restent des rapports de Chappe avec le grand Comité de salut public en l'an II ne laissent rien voir de semblable. Le Comité favorise de tout son pouvoir l'établissement de la ligne de Lille, qui se poursuit au milieu de difficultés que l'on peut imaginer. Dès le 17 septembre, Chappe ne peut pas se procurer de fer, tout celui qui est à Paris ayant été mis en réquisition. Le Comité, par un arrêté signé Barère et Hérault de Séchelles, autorise Chappe à prendre dans les dépôts la quantité de tôle et de fil de fer dont il a besoin (1).

(1) Archives nationales, A F₁₁, carton 220. — Chappe avait aussi demandé dix-huit pendules (Registre de la Commission des arts, 30 prairial et 25 messidor). Dans le système de signaux imaginé d'abord par Chappe, la mesure rigoureuse du temps jouait un rôle important. C'est pour cela qu'il

Le 24 septembre, le Comité fixe le chiffre de l'indemnité que touchera l'ingénieur télégraphe. En même temps, il requiert les municipalités de fournir à Chappe des ouvriers et des matériaux ; au besoin on réquisitionnera (1). Le 14 prairial, nouvel arrêté décidant d'établir des postes sur Montmartre et sur le dôme du Louvre (2) ; les lunettes font défaut, on va se mettre à tailler des verres achromatiques. Enfin, avant même que la ligne de Lille soit achevée, le Comité de salut public, le 12 messidor, projette l'établissement d'une ligne de signaux de Paris à Brest, signaux qui devaient être faits au moyen de pavillons par une suite de stations espacées de deux en deux lieues, mais beaucoup moins coûteuses et moins longues à installer que les machines télégraphiques.

Ce projet ne fut approuvé qu'après le 9 thermidor. A cette date, la ligne de Lille, décidée six semaines avant le commencement de la Terreur, était presque achevée. C'est le 13 fructidor qu'elle transmet à l'assemblée la nouvelle de la reddition de Condé le matin même (3) : la Convention fait répondre que ce nom doit être désormais changé en celui de *Nord-Libre.* La dépêche reçue le soir fut pour l'ennemi une surprise profonde ; il s'imagina que la Convention siégeait au milieu de l'armée française.

Le Comité de salut public prit une part non moins active à la réforme des poids et mesures. Un décret de 1790 avait confié le soin des études préliminaires à l'ancienne Académie des sciences. Celle-ci ayant été supprimée en août 1793, les membres qui avaient commencé le travail en restèrent chargés par décret du 11 septembre 1793, sous le nom de Commission temporaire des poids et mesures. Jamais réunion plus illustre de savants n'avait peut-être travaillé à plus grande œuvre :

fit demander à la Commission des arts des pendules de précision. Celle-ci hésita à se dessaisir d'instruments d'une aussi grande valeur pour les placer dans les postes télégraphiques entre Paris et Lille. Chappe de son côté modifia son système de signaux et n'eut plus besoin de pendules. C'est certainement à cette affaire que fait allusion le passage suivant du second rapport de Grégoire sur le vandalisme : « Dernièrement, pour un simple usage, on voulait que la Commission temporaire des arts accordât des pendules du plus grand prix ». On était alors en pleine réaction thermidorienne (3 brumaire an III). La passion entraîne Grégoire jusqu'à reprocher à l'ancien Comité ce qu'il avait cru devoir faire pour activer à tout prix l'établissement de la ligne télégraphique du Nord !

(1) Archives nationales, A F ii, carton 220.

(2) *Ibid.*

(3) [Avant la nouvelle de la reddition de Condé, le télégraphe avait déjà ransmis à Paris celle de la reprise de deux autres places, le Quesnoy (28 thermidor) et Valenciennes (11 fructidor). — J. G.]

nous y trouvons Monge, Borda, Lagrange, Laplace, Méchain, Delambre, Coulomb, l'abbé Haüy, Brisson, Vandermonde, enfin Lavoisier; puis, un peu plus tard, Berthollet, remplaçant Tillet, mort en 1792. On n'attendait plus, au commencement de l'an II, que la mesure de l'arc du méridien entre Dune-Libre (le nouveau nom de Dunkerque) et Barcelone, les astronomes français ayant été retenus prisonniers par les Espagnols avec qui nous étions en guerre. La longueur du pendule qui bat la seconde avait été déterminée par Borda; Lavoisier avait pesé un volume d'eau déterminé. Les bases du nouveau système métrique étaient solidement établies; il ne restait plus qu'à régler la forme des divers étalons, à déterminer les méthodes pour les vérifier, et enfin à les faire exécuter; ce fut l'œuvre de l'an II.

Le 1er du deuxième mois, la Convention, sur le rapport de Fourcroy au nom du Comité d'instruction, ordonne qu'il sera construit des étalons *prototypes* en platine, ceux-là mêmes qui sont encore conservés aux Archives dans l'Armoire de fer et que la Commission internationale du mètre, tout récemment (1), a visités, admirant la perfection de la plus grande entreprise scientifique de la Révolution. En même temps, l'assemblée met 300,000 livres à la disposition du ministre de l'intérieur pour faire construire par d'habiles ouvriers les étalons destinés aux administrations. Le ministre, la Commission des poids et mesures, le Comité d'instruction doivent s'entendre pour tout cela. Mais il semble, au moins d'après les documents que nous avons eus entre les mains, que d'abord rien ne marche. Le ministre était fort peu de chose; le Comité d'instruction n'avait pas lui-même grande autorité : le 6 frimaire Guyton s'enquiert au nom de celui-ci, près de la Commission, des obstacles survenus, sans paraître avoir la puissance de les lever (2). En nivôse Haüy, dans le local qu'il occupe près de son laboratoire, n'a pas même de lit (3).

C'est alors qu'intervient le Comité de salut public, et tout change. Et d'abord il épure la Commission (4); puis, le 18 plu-

---

(1) [En 1873. — J. G.]
(2) Archives nationales, F 12, carton 1289.
(3) *Ibid.*
(4) Le 18 frimaire, la Commission avait nommé Coulomb trésorier en remplacement de Lavoisier. L'arrêté du Comité de salut public qui l'épure est du 3 nivôse : Borda, Lavoisier, Laplace, Brisson, Delambre, Coulomb sont rayés; Lagrange, Monge, Haüy, Vandermonde, Méchain et Berthollet sont maintenus, et Hassenfratz, Prony et Buache leur sont adjoints. La Commission ainsi épurée se présenta le 30 nivôse à la barre de la Convention.

viôse, il requiert le ministre de faire imprimer une Instruction qui devrait être déjà rédigée en exécution du décret rendu le 1er août 1793. Il est probable qu'on l'avait oubliée (1). L'Instruction parut en germinal (2). La construction des étalons pour les départements était également en retard. Le 21 pluviôse, le Comité de salut public, considérant qu'il importe de favoriser par tous les moyens la fabrication des nouvelles mesures, accepte la proposition faite par un certain nombre d'ouvriers de se réunir à cet effet; il met à leur disposition une maison du cloître Notre-Dame; enfin il décide qu'on leur avancera — sous caution — une somme de 25,000 livres. Mais cette caution même devient une difficulté; les ouvriers ne la trouvent pas; c'est un nouveau retard. Le Comité décide alors (4 ventôse) que les 25,000 livres seront avancées aux artistes, à charge par eux d'en justifier l'emploi (3). Deux mois plus tard, on apprend que l'astronome Méchain, chargé de la mesure du méridien sur la frontière espagnole, est prisonnier à Barcelone avec ses deux aides. Le Comité de salut public lui envoie 6,000 livres en numéraire. L'arrêté est signé Lindet, Prieur, Carnot, Robespierre, Barère, Collot d'Herbois, Billaud-Varenne (4).

La confection des nouvelles monnaies, ou, comme on les appelait alors, des « assignats métalliques », avait failli être un moment suspendue par l'arrestation de Lavoisier. Ce nom, resté sur cette époque comme une tache que rien n'a pu laver, dit mieux que toutes choses quelle perte fit la France dans un savant que la physiologie autant que la chimie regardent comme une de leurs gloires. La ferme avait été supprimée dès le 20 mars 1791 ; le 4 frimaire an II, Bourdon de l'Oise, le même qui devait plus tard tant contribuer à renverser Robespierre, demande que les fermiers généraux, qui n'ont pas encore rendu leurs comptes, soient arrêtés et, s'ils ne les peuvent

(1) [On ne l'avait point oubliée, car dès le 17 nivôse le manuscrit de l'Instruction était prêt à être remis à l'Imprimerie nationale exécutive, et le Comité d'instruction publique demandait au ministre de l'intérieur de la faire tirer à six mille exemplaires. — J. G.]

(2) Le 12 germinal, Lagrange et Haüy, secrétaires de la Commission des poids et mesures, adressent cette brochure au Comité de salut public.

(3) Archives nationales, F¹², carton 1289.

(4) « Le Comité, informé que Méchain, chargé de voyager pour prendre la mesure exacte de l'arc, est détenu à Barcelone avec les citoyens qui l'accompagnent, lui fait parvenir 6,000 livres en numéraire. Le présent arrêté sera envoyé à la Commission de l'instruction publique et aux commissaires de la trésorerie. Pour extrait : Carnot, Lindet, Collot, Billaud-Varenne. » (Archives nationales, F¹², carton 1288.)

rendre, « livrés au glaive de la loi ». Vingt-huit fermiers généraux sur soixante furent retenus, et Lavoisier du nombre, comme ayant tiré des bénéfices illicites de baux conclus par eux avec les nommés David, Salzard et Mager, probablement trois juifs. Le mois suivant (23 nivôse), la Convention, sur le rapport de Dupin, parlant au nom de la Commission chargée de reviser les comptes des trois compagnies de finances, décrète que les biens des fermiers généraux sont sous la main de la nation.

L'enquête sur la ferme générale fut longue, très longue en un temps où on menait révolutionnairement toutes choses. C'est le 16 floréal seulement que Dupin présenta, au nom de la Commission et des trois Comités de sûreté générale, des finances, et de l'examen des comptes, un long rapport plein de chiffres et purement d'affaires. Lavoisier n'est pas nommé, non plus que ses collègues. Les griefs articulés contre eux sont nombreux et graves, s'ils reposent sur des allégations vraies. Le moindre est d'avoir falsifié le tabac en le surchargeant d'eau au point qu'elle coulait des barriques. Lavoisier, dans son interrogatoire, n'a pas nié ces fraudes; il a dit seulement qu'il les avait signalées lui-même au ministre chaque fois qu'il en avait été informé (1). Mais il s'en faut que ce fût là le seul ou le principal considérant du rapport de Dupin. La Convention renvoya séance tenante les vingt-huit fermiers généraux au tribunal révolutionnaire. Nul dans l'assemblée ne pouvait se faire illusion sur le sort qui attendait des hommes flétris par elle, devant ce jury redoutable qui ne pouvait choisir qu'entre l'acquittement et la peine capitale (2).

On est presque épouvanté de l'abandon général au milieu duquel tomba cette belle tête. On raconte, nous ne savons d'après quelle source, que Hallé, au nom du Lycée des arts, porta au prisonnier une couronne qui semblait presque un hommage funèbre. Cette histoire est probablement apocryphe (3).

(1) « Interrogé s'il ne s'est pas rendu coupable de dilapidation des finances du gouvernement, d'exactions, de concussions, et de fraudes envers le peuple? — Répond que, quand il a connu quelques abus, il les a annoncés au ministre des finances, notamment relativement au tabac, ce qu'il est en état de prouver par pièces authentiques. » — Interrogatoire du 18 floréal an II.

(2) [Cette dernière affirmation est un anachronisme. La disposition portant que « la peine portée contre tous les délits dont la connaissance appartient au tribunal révolutionnaire est la mort » n'existait pas encore ; elle n'apparaîtra qu'avec la loi du 22 prairial. — J. G.]

(3) [Elle est attestée par le témoignage de Charles Desaudray, administrateur du Lycée des arts (dans une note publiée en l'an IV), et par un

Après l'arrestation de Lavoisier, seul le Comité des assignats et monnaies adressa une énergique protestation au Comité de salut public (1ᵉʳ nivôse). « La pièce de 5 décimes est prête, dit-il ; les flaons sont découpés ; sous quatre ou cinq jours on peut en avoir fabriqué pour 50,000 livres » ; mais il faut des poids pour peser ces pièces, des poids nouveaux dont la fabrication est d'une extrême délicatesse, et la fabrication de ces poids vient précisément d'être suspendue par l'arrestation de Lavoisier. « Prenez telle mesure que vous croirez convenable à l'égard de ce citoyen, mais il faut qu'il puisse travailler dans son laboratoire.... S'il n'y a pas de faits graves sur son compte, faites en sorte que l'activité soit promptement rendue aux travaux dont il est chargé, avec toutes les mesures de sûreté que vous croirez d'ailleurs convenables (1). »

L'intérêt naturel qu'inspira au début le sort de Lavoisier à ses amis, à ses collègues, ne pouvait durer. On doit toujours, quand on veut se rendre compte des actions des hommes à une époque déterminée de l'histoire, envisager ce qu'on peut appeler l'*état psychologique* à ce moment. On a beaucoup parlé de celui de Paris après le siège ; il parut extraordinaire, parce qu'il n'était pas à l'unisson du reste de la France séparée pendant quatre mois et demi de la capitale. En l'an II l'état mental de la nation tout entière était certainement monté à un diapason que nous ne saurions comprendre et que nous avons le tort de juger trop absolument avec nos sens rassis. Le régime de la Terreur ne fut point le fait d'un groupe de sinistres bandits qui tinrent la France sous leurs pieds comme une proie ; la Convention personnifia bien certainement le génie de la nation tout entière à cette époque, depuis les savants jusqu'au dernier paysan. Ce serait attribuer aux hommes de science de ce temps-là de bien lâches complaisances que de croire qu'ils se turent seulement par crainte, et qu'ils servirent la Révolution par effroi. La procédure contre les vingt-huit fermiers généraux

passage d'un rapport de Lakanal du 4 vendémiaire an IV. Voir *Lavoisier*, par E. Grimaux, p. 298, note. — J. G.]

(1) Archives nationales, A Fɪɪ, carton 220. — [Le Comité des assignats et monnaies ne fut pas seul à intervenir en faveur de Lavoisier. Deux jours avant, le 28 frimaire, la Commission des poids et mesures avait écrit au Comité de sûreté générale pour lui représenter « combien il était urgent que ce citoyen pût être rendu aux travaux importants qu'il a toujours suivis avec autant de zèle que d'activité ». Sur cette demande le Comité de sûreté générale passa à l'ordre du jour, motivé sur ce que « le citoyen Lavoisier est porté sur la liste des ci-devant fermiers généraux mis en état d'arrestation en exécution du décret de la Convention nationale ». — J. G.]

avait été lente (1); deux Comités, une Commission spéciale
avaient examiné les comptes; le rapport de Dupin était caté-
gorique; la Convention avait prononcé. Comment les contemporains n'eussent-ils pas cru à l'équité souveraine de ses
jugements?

Le 19 floréal (2), l'affaire fut appelée au tribunal révolutionnaire. Les juges étaient ce jour-là Coffinhal, président, Foucault
et Denizot, assesseurs. On interrogea les prévenus, on fit
ensuite lecture de l'acte d'accusation. Les débats, si on peut
leur donner ce nom, furent terminés le jour même et le jugement rendu. Il ressemble à tous ceux du tribunal : la sentence
frappe *l'éternelle conspiration ayant pour but de favoriser par
des menées le succès des ennemis qui menacent la République
au dedans et au dehors.*

Il y avait eu un incident à l'audience. Le président reçut au
cours des débats un décret de la Convention. Voici ce qui s'était
passé : Dupin était monté à la tribune pour notifier que trois
adjoints aux fermiers généraux, impliqués dans le même renvoi
au tribunal, avaient établi la preuve qu'ils n'avaient pu participer
aux bénéfices illicites des baux David, Salzard et Mager. Le rapporteur demandait en conséquence que ces adjoints fussent mis
hors des débats. La proposition est adoptée, et le président
dépêche aussitôt un huissier de service au tribunal pour lui
transmettre le décret, qui arrive à temps (3).

Ce président était Carnot, plus à même peut-être que tout
autre dans l'assemblée d'apprécier quels services aurait pu
rendre Lavoisier. Il se tut cependant, et ceux-là seuls songeront

(1) On s'étonne de retrouver dans l'*Histoire de l'ancienne Académie*, par
M. Bertrand, quelques lignes sur le procès de Lavoisier, empreintes de la
légèreté singulière avec laquelle la plupart des biographes ont traité ce
triste sujet. M. Bertrand semble croire que quelques instants ont décidé
du sort de Lavoisier, quand en réalité le procès a duré plusieurs mois,
non devant le tribunal révolutionnaire, mais devant la Convention.

(2) Le 10 floréal, Lavoisier avait certifié dans sa prison un mémoire de
travaux exécutés pour les poids et mesures, en août et septembre 1793, par
un nommé Vinaudy. (Archives nationales, F¹², carton 1288.)

(3) « Du 19 floréal. La Convention, après avoir entendu le rapport des
Comités de sûreté générale, finances et examen des comptes réunis à la
Commission, déclare que les adjoints des ci-devant fermiers généraux qui
seront en état de justifier, par un certificat signé des citoyens reviseurs,
qu'ils n'ont eu aucune espèce d'intérêt dans les baux de David, Salzard et
Mager, n'ont pas été compris dans la loi du 16 floréal, qui renvoie les
ci-devant fermiers généraux au tribunal révolutionnaire; décrète en conséquence que les citoyens De la Hante, Bellefaye et Sanlot seront mis à
l'instant hors des débats. »

à lui en faire un reproche qui croiront qu'à cette époque, à ce moment, la conscience de ces hommes se décidait par les mêmes motifs que les nôtres. La vérité est que Lavoisier pour tout le monde alors fut coupable et mérita la mort. Le Comité de salut public, qui savait si bien apprécier le rôle des sciences, ne chercha point à sauver cette victime de l'échafaud ; seul peut-être il en avait la puissance. A ce moment même il cherche des chimistes. Le 11 floréal il fait loger dans la maison du ci-devant duc de Liancourt le citoyen Rouvier, chimiste, en toute hâte (1). Le 28, une décision du Comité de salut public institue à Meudon un atelier pour « la fabrication de muriate suroxygéné de potasse (2) ». C'est peut-être le premier document officiel où figure le nom de l'oxygène découvert par Lavoisier ; il n'y avait point encore une décade que celui-ci était monté sur l'échafaud.

Au Comité d'instruction, où siègent Fourcroy et Guyton qui n'est point encore parti pour l'armée du Nord, on ne s'inquiète pas de Lavoisier. A la Commission des arts on en parle si peu que l'agent chargé de rédiger les procès-verbaux ne sait pas même l'orthographe de ce nom illustre, quand il l'écrit pour la première fois au moment de faire l'inventaire des objets de science et des instruments ayant appartenu au ci-devant fermier général.

On a prétendu que Lavoisier avait imploré un sursis pour terminer certaines expériences. L'homme qui avait négligé de prendre un défenseur n'a pas dû descendre à la prière. Quant à cette réponse prêtée plus tard par Fourcroy au président du tribunal, « que la République n'avait plus besoin de savants et qu'un seul homme d'esprit suffisait à la tête des affaires », une telle phrase n'appartient pas certainement au langage de floréal, où Robespierre n'était pas encore le « tyran » qu'on renversera le 9 thermidor, et où la pensée ne serait venue à personne, pas même aux fidèles de Robespierre, de supposer UN homme à la tête des affaires.

On a dit aussi que Mme Lavoisier, par une démarche auprès d'un employé du tribunal, eût pu sauver la tête de son mari : c'est à la fois méconnaître étrangement le rôle et l'esprit du tri-bunal ; c'est surtout se tromper sur les événements ou les ignorer. La véritable sentence de mort de Lavoisier fut le vote de la Convention.

Après thermidor, Dupin va payer de sa liberté le rapport qui

(1) Arrêté du Comité de salut public en date du 11 floréal (A Fii, carton 220).
(2) A Fii, carton 220.

avait fait condamner les vingt-huit fermiers généraux (1) : l'esprit
public s'est encore retourné, mais il n'est guère plus calme ;
après la fureur révolutionnaire, les représailles thermido-
riennes ! En bonne psychologie, les jugements de l'an III valent
exactement ceux de l'an II : les fermiers généraux ne sont plus
coupables de bénéfices illicites ; c'est la nation qui est en retour
avec eux. La vérité est que ce procès financier n'est point
encore jugé, qu'il faudrait le reprendre par les chiffres sur les
documents qui doivent encore exister, et refaire l'histoire certainement intéressante des baux David, Salzard et Mager.

VI

Nous avons montré le Comité de salut public mêlé aux
grandes entreprises scientifiques décrétées avant le régime de
la Terreur, ou dont lui-même eut l'initiative ; son action sur les
établissements scientifiques qui datent de la Révolution n'est
pas moins décisive, soit qu'il travaille à l'agrandissement de
ceux qui existent déjà, soit qu'il en fonde de nouveaux inaugurés
seulement après le 9 thermidor.

Il existait à Mézières une Ecole ci-devant royale de génie
militaire. A la suite d'un rapport sur les travaux publics présenté le 21 ventôse an II par Barère, le Comité de salut public
décida que cette école serait transférée à Metz, où elle prendrait
un caractère exclusivement pratique, comme Ecole de siège.
Mais en même temps le Comité ordonne que le matériel
d'instruction, les livres, les plans en relief, les modèles de coupe
de pierres, les instruments de physique seront transportés à
Paris, « pour servir à un centre de réunion de toutes les bran-
ches de l'instruction relative aux travaux publics » : c'est le
germe de l'Ecole polytechnique, qui n'aura pas tout d'abord ce

(1) [Le 16 floréal an III, jour anniversaire du dépôt de son rapport sur
les fermiers généraux, Dupin fit spontanément amende honorable à la
tribune de la Convention, déclara qu'il n'avait écrit et déposé son rapport
que pour sauver sa tête et sous le coup des menaces d'un membre du
Comité de salut public, et demanda que la confiscation prononcée
contre les fermiers généraux fût de nul effet (cette demande était superflue.
la Convention ayant déjà voté l'avant-veille, 14 floréal, un décret général
portant que les biens des condamnés depuis l'époque du 10 mars 1793
seraient rendus à leurs familles). Néanmoins, trois mois plus tard, le
22 thermidor an III, sur la dénonciation de Lesage (d'Eure-et-Loir), Dupin
fut décrété d'arrestation. Compris dans l'amnistie du 4 brumaire an IV, il
est mort à Marcinelle près Fleurus (Belgique), en 1833. — J. G.]

nom. Six semaines après le 9 thermidor, Fourcroy, porté à son tour au Comité de salut public, vient annoncer à la tribune de la Convention que l'*Ecole centrale des travaux publics* est prête à recevoir les élèves. Fourcroy ne se déclare pas encore, comme il fera plus tard, « contre cette tyrannie qui voulait couvrir la France de deuils et de tombeaux »; Fourcroy au contraire loue ses prédécesseurs au Comité de salut public de n'avoir cessé — dit-il — de préparer tous les moyens nécessaires pour l'organisation de ce nouveau foyer d'enseignement (1).

(1) Le nouveau Comité de salut public demande à la Commission des arts, à la date du 16 fructidor, un certain nombre d'objets pour l'Ecole centrale des travaux publics, « conformément aux bases arrêtées par le Comité en conséquence de la loi du 21 ventôse ». (Registre de la Commission des arts, 20 fructidor).

Dans son *Histoire de l'Ecole polytechnique*, écrite en 1828 et dédiée au Dauphin, M. Fourcy attribue à tort un rôle important dans la création de l'Ecole à la Commission des arts, qu'il appelle une espèce de congrès de savants, et dont il méconnaît entièrement le caractère. Il se trompe aussi quand il attribue à Monge une grande influence dans cette Commission, aux travaux de laquelle le célèbre géomètre ne prend à cette époque que fort peu de part, absorbé qu'il était par les travaux de la défense. Le seul rôle de la Commission des arts fut de pourvoir aux besoins de la nouvelle Ecole, en fournissant le complément du matériel apporté de Mézières et en particulier le cabinet de physique. M. Fourcy remarque qu'une partie de ces instruments appartenaient au garde-meuble de la couronne, quelques-uns à l'Académie des sciences, d'autres à des particuliers. Et il ajoute avec mélancolie : « Le sentiment pénible excité par de tels souvenirs est à peine adouci par la pensée qu'en cette occasion ce fut la science, la patrie, et non la cupidité qui profita de ces tristes dépouilles ».

[Pouchet donne dans cette note une interprétation erronée à une page du livre de M. Fourcy. Voici ce qu'a écrit l'auteur de l'*Histoire de l'Ecole polytechnique* (p. 13): « Il y avait alors, auprès du Comité de salut public, une espèce de congrès de savants, où la plupart des sciences exactes et naturelles se trouvaient dignement représentées. C'est de là que partaient, à la voix du Comité souverain, ces instructions lumineuses, ces inventions soudaines, ces expédients ingénieux et rapides qui, dégageant les procédés des arts des vieilles ornières de la routine, élevaient tout à coup leurs produits au niveau des immenses besoins de la Révolution. Dans cette réunion, que son éminente utilité recommandait si puissamment à la bienveillance du gouvernement, Monge se distinguait par cette infatigable activité qu'il portait d'ordinaire sur tout objet qui avait saisi fortement son imagination; et il s'était ainsi concilié la prédilection particulière des chefs de la République. » M. Fourcy n'a nullement voulu parler ici de la Commission des arts : ce qu'il appelle « une espèce de congrès de savants », ce sont ces chimistes, ces physiciens, ces mathématiciens que le Comité de salut public avait appelés à lui pour utiliser leur génie en vue de la défense nationale, et au premier rang desquels figuraient Guyton, Fourcroy, Monge, Hassenfratz, Vandermonde, Lagrange, Berthollet, Leblanc, etc. Dans un autre passage, du reste (p. 16), M. Fourcy mentionne expressément « la Commission temporaire des arts, établie près le Comité d'in-

Nous ne dirons qu'un mot de l'Ecole de Mars, décrétée le 13 prairial au milieu des applaudissements de la Convention, sur un rapport de Barère au nom du Comité de salut public (1). Les élèves, affublés d'un costume à l'antique qu'avait dessiné David, y recevaient révolutionnairement l'éducation militaire avant d'être envoyés aux armées. Le Comité avait également institué des cours révolutionnaires pour la fabrication du salpêtre, auxquels chaque département dut envoyer un certain nombre d'élèves (2).

L'Ecole des mines fixe aussi l'attention du Comité de salut public. Il décide qu'elle aura, indépendamment de la salle des conférences et des lieux destinés aux cours publics, une bibliothèque lithologique de minéralogie, de docimasie et de métallurgie; un cabinet de modèles de fourneaux et de machines servant à l'exploitation des mines; un cabinet de cartes et de dessins; un dépôt de manuscrits relatifs à l'histoire des pierres; un cabinet de minéralogie contenant toutes les productions du globe et toutes les productions du sol de la République rangées suivant l'ordre de la localité; enfin un laboratoire pour les essais. On ne saurait tracer d'une main plus ferme, et plus complètement, le plan d'une institution scientifique (3).

Partout c'est la même sûreté de jugement qui crée pour l'avenir, comme s'il suffisait de vouloir. A côté de l'Ecole polytechnique et de l'Ecole des mines, voilà le Conservatoire de musique qui s'élève. Le 18 brumaire, les musiciens de la garde nationale de Paris, ayant à leur tête une députation de la com-

---

struction publique », et ce qu'il en dit montre qu'il ne l'a pas confondue avec le « congrès de savants » dont les travaux — comme Pouchet l'a fort bien remarqué — absorbaient presque toute l'activité de Monge. — J. G.]

(1) Barère, dans ses *Mémoires*, attribue à Carnot l'idée de l'Ecole de Mars.

(2) [Ces cours, divisés en trois séries, durèrent du 1er ventôse au 20 germinal. — J. G.]

(3) Art. 19 de l'arrêté du Comité de salut public du 18 messidor an II. (Voir le registre de la Commission des arts, 30 messidor.) Sage, ancien membre de l'Académie des sciences, professeur et directeur de l'Ecole des mines, avait été arrêté dans le milieu de brumaire. La Commission des arts invita le Comité d'instruction publique à « réveiller l'attention de la Convention nationale sur l'étude de la minéralogie et sur la nécessité d'encourager les hommes qui professent les principes d'un art si utile à la chose publique » (Registre, 23 brumaire). Le 30 frimaire, Sage fait demander d'aller faire son cours de minéralogie et de docimasie à la Monnaie avec un garde. La Commission des arts appuie, et invite de nouveau le Comité d'instruction publique à intervenir soit auprès de la Convention, soit auprès du Comité de sûreté générale.

mune, viennent à la barre de la Convention réclamer l'établissement d'un Institut national de musique. Sur la demande de Chénier, le Comité d'instruction est chargé des moyens d'exécution, mais il ne se hâte guère, et ici encore nous voyons intervenir le Comité de salut public (1). Le 10 floréal, il autorise les professeurs à choisir les meilleurs instruments parmi ceux qui sont aux mains de la nation (2); le 28 floréal, il affecte à l'Institut national de musique les bâtiments qu'il occupe encore dans la rue Bergère : l'arrêté est signé Barère, Billaud-Varenne, Carnot et Prieur.

Nous trouvons encore le Comité de salut public associé pendant cette période à l'histoire des Gobelins, où il fait installer la salle d'exposition (3). Nous le voyons aussi, en messidor, réglant, de concert avec le Comité d'instruction, un concours assez bizarre. Il s'agit de trouver un artiste pour restaurer les toiles du Musée national (4). On décide de prendre un des tableaux les plus endommagés, qui se trouva être un Rubens, de le partager en plusieurs morceaux et de donner ceux-ci aux concurrents pour y montrer leur talent. C'est à cette mesure, conseillée probablement par David (5), que fait allusion Courtois

(1) [Cette assertion est inexacte; Pouchet a ignoré la part qui revient au Comité d'instruction publique dans les mesures prises en faveur des musiciens. Dès le 21 nivôse, le Comité approuve le plan, présenté par Sarrette, d'une publication musicale mensuelle, et charge Guyton de se concerter avec le Comité de salut public pour les moyens d'exécution; le 29 ventôse, il propose qu'une subvention mensuelle de 1.200 livres soit accordée aux musiciens, en supplément des fonds que leur alloue la commune de Paris. Le Comité de salut public ne fait qu'approuver : le 27 pluviôse, il donne 33,000 livres pour le recueil de musique à l'usage des fêtes nationales; le 4 floréal, il accorde la subvention mensuelle de 1.200 livres. — J. G.]

(2) L'arrêté du Comité de salut public autorisait les professeurs de l'Institut à se transporter avec les commissaires du département dans les maisons d'émigrés et de condamnés pour faire leur choix. La Commission des arts fit observer qu'elle-même dressera l'inventaire de ces instruments, c'est près d'elle qu'on les trouvera. (Registre, 10 floréal.)

(3) Par un arrêté du 30 messidor, le Comité de salut public avait indiqué le mode de nomination du jury qui devra décider quels tableaux seront reproduits en tapisseries. Cet arrêté est visé dans un autre du *même* Comité, en date du 3 fructidor an II, qui nomme ce jury.

(4) L'idée de ce concours appartiendrait à la commune, d'après Michelet (*Histoire de la Révolution*, t. VI, p. 301, 13 frimaire). — [Michelet a raison : voir le *Moniteur* du 13 frimaire an II. — J. G.]

(5) [Le rapport sur la restauration des tableaux, statues, bas-reliefs, etc., formant la collection du Musée national, avait été présenté à la Convention, au nom du Comité d'instruction publique, par Bouquier, le 6 messidor. Bouquier était un amateur éclairé, qui avait fait lui-même de la peinture. — J. G.]

dans son rapport sur les événements de thermidor, quand il dit sottement que David voulait « qu'on divisât par échantillons les superbes tableaux de la galerie de Rubens, qu'on aurait ensuite distribués à des élèves pour des essais de nettoyage ». Le texte même de l'arrêté (1) qui règle le concours fait justice de cette grossière ineptie, inspirée par la haine contre les membres de l'ancien Comité et leurs amis. Rappelons encore que les acteurs Dumesnil (2) et Préville virent leur vieillesse garantie du besoin par les soins de ce Comité de Vandales.

De quelque côté qu'on tourne les yeux, c'est la même activité. Pendant qu'il crée l'École polytechnique et le Conservatoire, pendant qu'il agrandit l'École des mines et le Muséum, le Comité de salut public songe aux embellissements du jardin national des Tuileries. Que n'a-t-on pas dit des plantations de pommes de terre dans les jardins royaux, où l'on n'a vu qu'une révolte barbare contre le passé à mettre sur la même ligne que ces semailles de sel ordonnées par Louis XIV sur l'emplacement de Port-Royal! La commune, d'où l'idée vint d'abord, était peut-être capable de telles défaillances intellectuelles. Mais du moins ce ne ne fut pas ce jour-là. La séance du 21 pluviôse avait été remplie à la commune par des réclamations affamées. La viande allait faire défaut, on dénonçait les bouchers. Alors, par un travers propre aux corps délibérants, on cherche le remède à un mal présent dans des mesures à long terme. Pour combattre la famine qui menace, le Conseil général ne trouve rien de mieux que d'inviter, dans cette séance même, le département à faire mettre en culture les terres des jardins de luxe (fort nombreux alors) qui sont dans la commune de Paris. Il est très certain que, pour la plupart, les membres du Conseil étaient fort insensibles à l'art des jardins, et que les chefs-d'œuvre de Le Nôtre ne valaient pas à leurs yeux un bon champ de froment, étant en cela de l'avis des paysans de la Beauce ou du pays de Caux.

(1) Du 7 messidor. Arrêté du Comité de salut public réglant les mesures du concours, en exécution du décret du 6 messidor. Signé au registre : Barère, Billaud-Varenne, Robespierre, Collot d'Herbois, Prieur, Couthon, Carnot, Lindet. Pour extrait : Billaud-Varenne, Carnot, Robespierre. (F¹⁷, carton 1306.) L'imputation dirigée ici contre David est encore plus absurde quand on se reporte à son rapport du 27 nivôse, où il se plaint des restaurations maladroites : « La Vierge du Guide n'a point été nettoyée, mais usée. Le Moïse foulant aux pieds la couronne de Pharaon, de Poussin, n'est plus qu'une toile abîmée de rouge et de noir, perdue de restauration. »

(2) L'actrice Dumesnil reçut en l'an VII une pension du gouvernement (Voir *Moniteur*, an VII, 77); ce n'est point d'elle qu'il est ici question.

Le Comité de salut public, qui va présenter dans quelques jours à la Convention les tableaux du maximum, s'empare de l'idée de la commune aussitôt transformée. Le 1er ventôse, il charge le ministre de l'intérieur de donner des ordres pour faire planter des pommes de terre dans *un certain nombre* de carrés des Tuileries et du Luxembourg (1). Ce fut Thouin, professeur de culture au Muséum, qui fut désigné pour l'exécution. Les pommes de terre étaient rares à ce moment; celles qu'on apportait à la halle de Paris étaient aussitôt enlevées; on les payait cent sols et six livres le boisseau (2). Pour s'en procurer sans dégarnir le marché, au risque de provoquer des clameurs, Thouin dut faire chercher dans les campagnes environnantes ses pommes de terre pour planter (3). Dès le 20 ventôse, le Comité de salut public s'informe du point où en est l'exécution de son arrêté. On planta aux Tuileries les pommes de terre le long de la terrasse des Feuillants, probablement entre elle et les arbres, en ayant soin de protéger cet espace par des treillages. On choisit également un certain nombre de carrés au Luxembourg.

Le ministre, en transmettant ses instructions à Thouin, interprète la mesure du Comité comme prise à l'effet de convertir ces terrains, dont le luxe a privé le peuple, en terres nourricières. Ce sont bien là les idées de la Commune. Mais on peut supposer que le Comité de salut public, tout en paraissant se conformer aux vues étroitement utilitaires de l'Hôtel de Ville, poursuivait un but plus général, plus élevé, car il autorise seulement la mise en culture de « quelques carrés ». Une lettre de Thouin nous apprend qu'on avait disposé de même des plants de haricots et de légumes au Muséum, dans les jardins de la mairie, du Trésor public, de la Commission des subsistances; et que devant les plates-bandes on avait mis des étiquettes avec les noms des végétaux, afin que les yeux des visiteurs venus des

(1) « Le Comité de salut public arrête que le ministre de l'intérieur donnera les ordres nécessaires pour faire planter des pommes de terre dans les carrés du jardin national des Tuileries et dans les carrés du jardin du Luxembourg. Signé au registre ; Barère, Carnot, C.-A. Prieur, Saint-Just, Collot d'Herbois, Couthon, Robespierre, Lindet. Pour extrait : Barère, Collot, Carnot. » (F17, carton 1222.)

(2) Lettre de Paré, ministre de l'intérieur, à Thouin, en date du 17 ventôse (F17, carton 1222).

(3) Dans la lettre citée (note précédente), Paré dit qu' « il a représenté au Comité de salut public qu'il fallait acheter les pommes de terre pour planter, à la campagne et non à la halle, où ce fruit (*sic*) est aussitôt enlevé par le peuple ».

4

départements en fussent frappés et « que l'instruction les suive dans tous les lieux publics qu'ils fréquentent (1) ».

Ce zèle qui éclate partout, à cette époque, pour l'instruction populaire, avec plus ou moins de bonheur, n'avait-il pas imaginé une nomenclature toute géographique des rues de Paris (2) et l'enseignement de l'histoire par des inscriptions aux barrières de la cité (3), de manière que l'instruction nationale « sorte des pierres mêmes entassées par la tyrannie »!

Au reste, le Comité de salut public était si éloigné de vouloir transformer en champs de pommes de terre les anciens jardins royaux qu'il s'occupe de l'embellissement de celui des Tuileries. Dès le commencement de floréal (4), il appelle Thouin pour s'entendre avec lui à ce sujet. Il approuve le plan de Hubert (25 floréal) : il décide qu'on emploiera, pour orner le jardin de la nation, les orangers qui se trouvaient dans les châteaux des environs de Meudon et de Saint-Cloud ; la terrasse des Feuillants et celle du bord de l'eau recevront des statues et des vases, et

(1) Lettre de Thouin en date du 25 ventôse (F¹⁷, carton 1222).

(2) Voir Rapport au Conseil général de la commune de Paris, imprimé en vertu de l'arrêté du Comité d'instruction publique du 17 nivôse. Il y eut aussi un système de dénomination des rues par Grégoire, imprimé par ordre du Comité d'instruction. — L'intérêt qu'excite à cette époque la géographie mériterait certainement une étude spéciale, surtout depuis que nous avons appris cruellement combien, de ce côté, nous étions en retard. Le 20 messidor, la Commission des arts s'entretient d'un projet de jardin de géographie pratique qui pourrait lui être soumis de concert par les professeurs du Muséum et le Comité d'instruction. Le 30 messidor, la Commission décide d'écrire au Comité de salut public au sujet d'un arrêté sur les cartes et plans de géographie, pour montrer qu'il y a inconvénient à les accumuler dans un seul endroit, et avantage, au contraire, à les disséminer (Registre). — On ne doit pas oublier que Dumez, municipal, guillotiné le 11 thermidor, était l'auteur de l'Atlas national de France.

(3) Rapport fait à la Convention au nom du Comité de salut public par Barère, sur Ypres, 13 messidor : « Les portes de Paris devront raconter les faits d'armes des patriotes. Les triomphes de l'armée d'Italie pourront bien être substitués sans regret au nom de la Porte de l'Étoile ! Les artistes et les gens de lettres sont invités à ce concours. » Un décret ordonne que les bâtiments désignés sous le nom de barrières de Paris seront érigés en monuments publics. Enfin le Comité de salut public, par un arrêté du 16 messidor, décide que des inscriptions y relateront les journées de la Révolution.

(4) « La Commission autorise le citoyen Thouin à se retirer auprès du Comité de salut public pour prendre communication de ses projets relativement aux embellissements du jardin national des Tuileries, et à l'emploi, pour cet usage, des orangers qui se trouvent dans les maisons nationales de Saint-Cloud, de Sceaux, du Raincy, de Bellevue, de Meudon, etc., afin de faire choix de ceux de ces arbres qui peuvent le mieux servir à remplir les vues du Comité de salut public. » (Registre, 10 floréal.)

le Comité autorise l'enlèvement, de la maison d'Orsay, de trente bustes en marbre pour servir à cette décoration (1); il y aura, dans le jardin, des exèdres tels qu'on les y voit actuellement, « semblables à ceux où les philosophes grecs donnaient leurs instructions »; et les chevaux de Marly seront placés à l'entrée des Champs-Elysées, où, en effet, ils furent plus tard apportés; David, Fourcroy et Granet étaient chargés de surveiller l'exécution de cet arrêté. Le 9 thermidor ne permit point aux hommes qui avaient voulu toutes ces choses d'en voir l'accomplissement.

C'est encore à l'époque de la Terreur qu'appartient une idée qui va être appliquée pendant les guerres du Directoire, et devenir, lors de la campagne d'Égypte, la source d'une gloire scientifique nouvelle pour la France. Jamais les monarchies n'avaient songé à utiliser la guerre pour faire tourner officiellement les campagnes des généraux au profit des sciences et de l'instruction nationale. Cette vue toute nouvelle appartient en propre à la première République. Elle n'avait déjà plus cours sous l'Empire, dont les maréchaux n'ont point enrichi — directement du moins — nos collections nationales. Et lors de la dernière guerre, pendant qu'à l'approche des Allemands nous cachions avec soin nos richesses artistiques ou scientifiques, ceux-ci ne songeaient pas, il semble, à les enlever; alors que tant de fourgons roulaient vers l'Allemagne chargés de dépouilles particulières, les musées publics ont été partout scrupuleusement respectés.

Mais pendant la Révolution, la France ne faisait point à l'Europe une guerre comme une autre. La France n'était plus sur le même pied que les « nations esclaves ». Le peuple affranchi avait tous les droits (2); il se croyait maître de la terre entière, parce qu'il se sentait capable de la conquérir; la coalition était vaincue; la flotte républicaine elle-même ne venait-elle pas de balancer la fortune de l'Angleterre? L'empire des continents et des mers allait passer aux mains du peuple souverain : il pourra

---

(1) « Le citoyen Hubert (l'architecte) prévient la Commission qu'il a chargé, d'après un arrêté du Comité de salut public, les citoyens Cauchi et Hersent, marbriers, de faire enlever de la maison d'Orsay trente bustes antiques, etc. » (Registre, 15 prairial.)

(2) [Dans un rapport présenté le 21 ventôse an II sur les relations de la République française avec les nations alliées ou neutres, Barère disait : « La Convention nationale doit se regarder comme chargée du bonheur du monde et de l'alliance générale entre tous les peuples. » — J. G.]

du moins assouvir cette soif d'instruction et de connaissances qui dévore la nation entière !

Dès pluviôse, un membre de la Commission des arts, Besson (1), avait déjà, à propos du Palatinat, émis cette idée légitime de lever comme tribut sur les nations vaincues les objets de toute nature pouvant servir à l'accroissement des connaissances et à la diffusion des lumières. Le 20 messidor, au moment où la bataille de Fleurus ouvre les Pays-Bas, il renouvelle sa proposition ; mais on lui répond que déjà le Comité de salut public a décidé d'envoyer à l'armée du Nord une société de savants chargés de faire la recherche et la collection des chefs-d'œuvre des Pays-Bas. Le procès-verbal de la séance où sont consignés ces détails laisse penser que ce fut sur l'invitation de la Commission des arts que le Comité adjoignit, aux commissaires déjà envoyés, des hommes de science. Nous voyons, en effet, le 4 thermidor, les professeurs du Muséum, sur l'invitation du Comité de salut public, désigner Faujas et Thouin. La journée du 9 thermidor, qui survient presqu'aussitôt, ne nous permet pas de les suivre. Ce serait une intéressante histoire que celle des sciences aux armées de la République, mais qui n'appartient point à l'époque où nous nous renfermons. Elle commence après thermidor pour finir avec l'Institut d'Egypte ; mais le mérite d'avoir institué la première commission savante aux armées appartient au grand Comité de salut public.

Le Muséum d'histoire naturelle n'allait plus suffire à recevoir tant de richesses attendues. Il faudra l'agrandir. Le décret du 10 juin 1793 avait réglé l'organisation définitive de l'ancien Jardin du roi, en lui donnant le nom qu'il porte encore. Le 11 septembre la Convention avait, sur le rapport de Fourcroy, affecté une somme annuelle de 6,000 livres à la continuation de la magnifique série de vélins déjà commencée (2). Redouté se met à l'œuvre, et le pinceau du peintre des roses, pendant la suprême convulsion de l'an II, ne s'arrête pas plus que celui de David.

D'autres décrets avaient ordonné de transporter au Muséum les arbres et les plantes rares provenant des domaines des émigrés. Le 19 pluviôse, le Comité de salut public, que nous retrouvons encore ici, s'enquiert à Daubenton, directeur temporaire du Muséum, si l'on s'occupe en effet du transport de ces nou-

(1) Il y avait aussi un Besson conventionnel. Celui dont il s'agit ici était membre de la Commission des arts, section de l'histoire naturelle.
(2) Voir le *Moniteur*, et aussi Archives nationales, F¹⁷, carton 1228.

velles richesses à l'établissement (1). En prairial nous voyons le Comité saisi d'une autre affaire. Il s'agit de deux palmiers qui existent à Brunoy dans le jardin de Xavier Capet et qu'il importe de garder à la nation : ils ont été vendus, mais on indemnisera l'acheteur. Ces palmiers, destinés dans le principe à l'ornement du jardin des Tuileries, sont, croyons-nous, ceux qu'on voit encore de chaque côté de la porte du grand amphithéâtre au Jardin des plantes. Le bâtiment qu'ils décorent est lui-même une création du temps de la Terreur. Dès le 8 ventôse, en effet, le Comité de salut public avait assigné un premier fonds de 40,000 livres pour l'agrandissement du Muséum, et cette somme avait été tout d'abord affectée à la construction d'un vaste amphithéâtre (2). On se mit à l'œuvre avec une activité que nos établissements publics n'ont pas toujours retrouvée sous d'autres gouvernements : dès le mois de floréal nous voyons les premiers mémoires des entrepreneurs arriver à la trésorerie (3).

Mais ce n'était que le prélude. On ne songe à rien de moins qu'à tripler l'étendue du jardin, pour se conformer aux prescriptions du décret du 16 germinal. Le Muséum d'histoire naturelle s'étendra d'un côté jusqu'au boulevard de l'Hôpital et au marché aux chevaux, englobant la rivière de Bièvre; et de l'autre côté jusqu'à la rue Saint-Bernard sur tout l'espace occupé par la Halle aux vins. L'architecte Molinos est chargé d'étudier le

(1) Voir la lettre que Daubenton écrit au ministre de l'intérieur Paré, en lui adressant copie de celle du Comité de salut public en date du 19 pluviôse (F¹⁷, carton 1109).

(2) On a répété souvent qu'il n'y avait point d'enseignement à cette époque à Paris. La construction du grand amphithéâtre serait une réponse suffisante. Voici un autre détail qui montre combien cette opinion est fausse. Zangiacomi, le conventionnel, communique, le 25 prairial an II, une note à la Commission des arts. Les élèves qui suivent le cours de botanique, dit-il, ouvert au Jardin depuis quelque temps, ont besoin des *Démonstrations élémentaires de botanique* de Gilibert, publiées à Commune-Affranchie chez les frères Bruisset; mais ceux-ci ont été guillotinés, et tout ce qui leur restait de l'édition de ce livre est sous le scellé. Il demande si on ne pourrait, dans l'intérêt des élèves, le remettre en vente. Les libraires le font payer 70 francs et il en vaut 20. La demande, approuvée par la Commission des arts, est renvoyée au Comité d'instruction (F¹⁷, carton 1224).

(3) Le premier payement avait été fait à l'entrepreneur de maçonnerie le 30 germinal (F¹⁷, carton 1222). On avait probablement commencé à la même époque les travaux de la galerie supérieure, car nous voyons par une lettre de Jussieu, en date du 22 fructidor, que ces travaux sont suspendus, faute de place pour emmagasiner les objets déposés dans les combles (F¹⁷, carton 1229).

plan et les devis, et dès le 3 messidor il remet son travail (1). Il
s'agit d'une dépense de 4,166,400 livres, somme énorme pour
le temps, énorme au milieu des circonstances où se trouvait la
France, jugée nécessaire cependant pour rendre l'ancien Jardin
du roi digne de la nation, qui doit y voir réunies, comme en un
temple, toutes les productions vivantes de la nature entière,
recueillies par la Victoire. Trois arrêtés successifs du 27 et du
28 floréal et du 30 prairial (2) pressent la solution de l'affaire :
on suspend la vente des biens nationaux provenant de l'ancienne
abbaye Saint-Victor et compris dans le périmètre du projet
Molinos ; on suspend les constructions commencées dans l'enclave du projet, on prépare l'expropriation des maisons particulières, qui perdent tout à coup de leur valeur, sujet de plainte
pour les habitants (3). Qui veut, qui fait tout cela? — Le Co-

(1) Voir celui-ci (F¹⁷, carton 1229).

(2) L'arrêté du 27 floréal est bien connu, quoiqu'un certain nombre
d'auteurs qui l'ont cité aient jugé à propos de ne point donner les signa-
tures qui sont au bas. L'arrêté du 30 prairial porte « que la Commission
des travaux publics donnera sur-le-champ les ordres nécessaires pour
faire suspendre, jusqu'à nouvel ordre, les constructions des maisons dans
l'enclave projetée » (F¹⁷, carton 1229). L'arrêté du 28 floréal porte que les
citoyens employés dans le Muséum d'histoire naturelle se concerteront
sans délai avec la Commission des arts, pour réunir dans un dépôt les
divers objets relatifs à l'histoire naturelle, et qui peuvent servir à l'organisation et à l'enrichissement de ce monument national. Ils établiront les
moyens de conservation qu'ils jugeront convenables. (F¹⁷, carton 1224.)

Le 27 floréal, le Comité de salut public prenait un autre arrêté portant
qu'il sera établi un enseignement public des langues étrangères de tous
pays autres que ceux avec lesquels la République est en guerre, à l'usage
des marins, des naturalistes, des agents de la République à l'extérieur et
des citoyens qui cultivent les sciences. Il y aura une imprimerie dans
laquelle seront réunis tous les caractères typographiques étrangers que
possède la République. La Commission d'instruction est chargée de
rechercher le personnel enseignant, et le Comité des domaines le local
nécessaire. (Voir *Décade philosophique*.) L'Ecole des langues orientales,
dont on voit ici le germe, ne fut instituée que le 10 germinal an III. Le
25 floréal, le Comité de salut public, sans doute dans la même vue, avait
rendu un arrêté relatif à l'achat de caractères d'imprimerie allemands.
Foussedoire, représentant en mission dans les départements des Vosges
et du Haut-Rhin, écrit au Comité qu'il a cru devoir surveiller lui-même
l'exécution de cet arrêté, et qu'il est lui-même allé acheter ces caractères
d'imprimerie à Bâle, chez Haas.

(3) 25 messidor. Baudouin, dont la maison est en souffrance, par suite de
l'arrêté suspensif pour le Muséum, est invité à s'adresser au représentant
Fourcroy et aux citoyens chargés de surveiller la construction du Muséum.
(Registre de la Commission des arts.) De même, un échange d'immeubles
avec le citoyen Léger est renvoyé par le Comité de salut public au Comité
des domaines (F¹⁷, carton 1229).

mité d'instruction publique? nullement. Les arrêtés du 27 floréal et du 30 prairial sont signés Billaud-Varenne, Barère, Carnot, Prieur, Robespierre, Collot d'Herbois, Couthon, Lindet (1).

VII

Quels hommes est-ce donc que ces membres du Comité de salut public, qui prennent ainsi violemment une place inattendue dans l'histoire des sciences? Ces hommes ont l'Europe à vaincre, la Vendée à étouffer, la France à organiser, et ils trouvent encore le temps de faire pour les sciences et les arts toutes ces choses; encore n'avons-nous pas tout dit. Et quelle part inégale, après cette œuvre de Titans accomplie en commun, l'histoire leur réserve! Quel supplice que celui de Robespierre, et que d'imprécations sur ce nom! Qui parle de Lindet et de Prieur? Qui ne connaît Carnot? La gloire, l'oubli, Cayenne, l'échafaud se partageront les douze membres du Comité de salut public de l'an II.

Hérault de Séchelles s'était spontanément éloigné presque dès le début; Prieur (de la Marne) fut tout le temps en mission; Jeanbon Saint-André, chargé d'organiser la flotte, paraît à peine; les véritables détenteurs de la puissance presque souveraine du Comité de salut public furent Billaud-Varenne, Barère, Collot d'Herbois, Carnot, C.-A. Prieur (de la Côte-d'Or), Lindet, Robespierre, Couthon et Saint-Just, et encore ce dernier n'est-il là que dans les moments décisifs, passant l'autre moitié de son temps aux armées du Rhin et du Nord.

Il est facile de partager ces hommes en groupes distincts. Leurs contemporains, dit-on, l'avaient déjà fait. Sans examiner le mérite de ces sortes de classifications qui divisent après coup les responsabilités et permettent à chaque parti de faire son tri, il est certain qu'on n'est pas actuellement en état d'établir, par des preuves directes, la part qui revient dans les créations scientifiques de l'an II à chacun de ces hommes, si différents d'humeurs et de tempérament sinon de convictions. Tout au

(1) Ce projet, poursuivi jusqu'en ventôse an III, fut abandonné à partir de cette époque, après avoir successivement passé par le Comité des travaux publics et par le Comité d'instruction (F¹⁷, carton 1229). Le 21 vendémiaire an III, le Comité d'instruction invitait assez impérativement le Comité des travaux publics à lui faire passer le rapport (*Ibid.*) : signé Thibaudeau, Villar, Massieu, Arbogast. Le 5 vendémiaire, les soumissions étaient arrivées à la Commission des travaux (*Ibid.*).

plus voyons-nous C.-A. Prieur s'occuper presque seul des aéro-
stats et de l'établissement de Meudon, comme Carnot s'était
réservé la conduite des opérations militaires.

Que les arts de la guerre aient trouvé dans les officiers du
génie, comme l'étaient C.-A. Prieur et Carnot, d'intelligents
promoteurs au sein du Comité de salut public, cela semble tout
naturel, et voilà la création de l'Ecole polytechnique et de
l'Ecole de Mars, l'agrandissement de l'Ecole des mines expli-
qués. Mais n'étaient-ils pas étrangers pour le moins autant que
leurs collègues aux sciences naturelles? Qui donc parmi les
membres du Comité s'intéressait aux richesses scientifiques des
Pays-Bas, aux tableaux, aux arbres rares du Muséum, à l'enseignement de la musique?

Pas un mot dans la bouche de Robespierre, pas une ligne
dans les papiers de cet intarissable discoureur ne témoignent
d'un intérêt quelconque pour les sciences, les lettres, les arts,
pour toutes ces mesures qu'il contresigne. Tout au plus pourrait-on supposer que le disciple passionné de Rousseau eût pris
quelque part aux arrêtés sur le Muséum, sur les jardins, si les
soins politiques ne l'avaient entièrement absorbé. Saint-Just
n'est qu'un Lacédémonien égaré au temps de l'Encyclopédie, il
méprise ce qu'aime Athènes. Couthon était beaucoup plus de
son temps. On lui a fait un mérite d'avoir apporté quelque tempérament au décret de la Convention qui ordonnait de détruire
les quartiers riches de Lyon. Il est douteux que la pensée soit
venue à Couthon de se mettre au-dessus des décrets de la Convention; il est probable qu'il fit ce qu'il put. Lui-même parle à
ce moment, dans ses lettres, du désir qu'il a d'aller réduire en
cendres Toulon révolté, et, en post-scriptum, il s'enquiert soi-
gneusement s'il peut conserver un télescope « de l'infâme
Précy », le chef des insurgés lyonnais, et qu'il désire garder
comme pièce d'histoire (1). L'histoire de ces temps troublés est
toute dans ce petit fait. Il y a dans chaque révolutionnaire de
l'an II deux hommes : l'un, fils aimable de ce xviii° siècle si
curieux des choses de sciences; l'autre fils de ses œuvres, épris
d'un formidable labeur, prêt à étouffer dans les ruines et à
noyer dans le sang tout ce qui signifie à ses yeux contre-révo-
lution.

Après Couthon, Collot d'Herbois vient à Lyon organiser la

(1) « Mande-moi si le Comité pense que je puisse sans aucun inconvénient retenir cette pièce. » (*Lettre de Couthon à Saint-Just*, dans les
Papiers inédits trouvés chez Robespierre.)

démolition et la fusillade ; Barère veut qu'on efface de l'histoire jusqu'au nom de la cité rebelle ; au sein du Comité, c'étaient, avec Billaud-Varenne, ceux qu'on appelait, dit-on, les gens *révolutionnaires*, ceux qui représentaient le mieux, avec des facultés fort inégales, l'esprit de la Montagne détaché de l'esprit jacobin (1). Les deux premiers ne furent que des hommes médiocres. Barère de Vieuzac, qui signe Barère tout court, tient par sa mère à cette noblesse éclairée du xviiie siècle qui avait été le plus ferme appui des encyclopédistes, et de Rousseau lui-même, et qui conduisit en quelque sorte au début la Révolution par la main. On reste confondu des prodigieuses facultés de Barère (2), à qui rien ne semble étranger. Le manuscrit de la *Nouvelle Héloïse* l'occupe autant que la fabrique d'armes de Meudon. La même main qui amende le décret sur la liberté des cultes rédige le projet de réquisition des cordonniers. Traités, marine, poudres, transports, tableaux du *maximum*, tout est bon à l'activité de cet homme, dont le rôle considérable (3) va rester effacé dans le rayonnement, puis dans l'opprobre du nom de Robespierre. N'oublions pas que Barère voulait non seulement l'instruction primaire pour tous les enfants, mais qu'il voulait extirper du sol de France tous les patois, en sorte que jusqu'en Bretagne et jusqu'au fond de l'Alsace on ne parlât plus que la langue nationale : des instituteurs devront être, à cet effet, entretenus par l'État dans tous les villages des départements où l'on ne parle pas français. Mesure salutaire, qui eût peut-être adouci les désastres de notre temps en y laissant l'espérance (4).

(1) [Il n'est pas exact de dire que Collot, Barère et Billaud représentaient l'esprit de la Montagne « détaché de l'esprit jacobin ». Tous les trois comptèrent, avant et après le 9 thermidor, au nombre des membres les plus influents de la Société des Jacobins. On sait quel rôle important Collot y joua en ventôse an II, lors des négociations avec le club des Cordeliers. Billaud y fut écouté à l'égal de Robespierre, jusqu'à la veille de thermidor. Barère présida les Jacobins en messidor. — J. G.]

(2) M. Hippolyte Carnot, dans son introduction aux *Mémoires* de Barère, rapporte un mot de Robespierre, qu'il tenait du Dr Souberbielle, ancien juré du tribunal révolutionnaire : « Dès qu'un travail se présente, Barère est disposé à s'en charger. Il sait tout, il connaît tout, il est propre à tout. » (*Mémoires de Barère*, introduction, p. 80). Cette opinion de Robespierre est vraisemblable ; un homme universel comme Barère devait profondément étonner un esprit aussi réservé que celui de l'orateur des Jacobins.

(3) Dans les tables du *Moniteur* aucun nom, pas même celui de Robespierre, ne tient une place égale à celui de Barère.

(4) Rapport sur les idiomes, 8 pluviôse an II. A la vérité Barère, dans ses *Mémoires*, n'est plus qu'un homme assez médiocre ; il a perdu ce

Barère eut sans doute, avec Collot d'Herbois et Billaud-Varenne, la plus grande part dans toutes les mesures réparatrices prises par le Comité pour favoriser les choses de science. Quant ils seront attaqués comme complices de Robespierre, Carnot les défendra. Eux-mêmes se feront gloire, dans leur seconde réponse à Lecointre, d'avoir groupé autour du Comité de salut public Fourcroy, Guyton, Berthollet, Vandermonde, qu'ils nomment fièrement. « Nous avions besoin d'acier, disent-ils. Nous l'avions demandé à la fabrication; ce sont les savants qui nous en donnèrent (1). »

Ce qu'on ne peut nier, c'est que la journée du 9 thermidor laissa inachevée l'œuvre du Comité de salut public. Avec ces hommes indomptables, quoi qu'on pense d'eux, s'en est allé ce grand souffle qui semblait entraîner la France au pas de charge vers une rénovation scientifique.

Nous voyons bien l'année suivante quelques créations nouvelles, les Écoles centrales, l'École normale (2), l'Institut, nous aurons les commissions scientifiques aux armées. Qu'est-ce que tout cela auprès du prodigieux tableau de l'an II? Franchissons deux années seulement : quelle différence! Comme le génie de la France et de ceux qui la gouvernent n'est plus le même! Victorieuse, puissante, respectée, elle ne trouve plus pour les sciences les mêmes ressources qu'aux jours de la lutte; les établissements scientifiques languissent, en attendant la décadence

souffle de 93 que Napoléon, au fort de l'invasion, voulait rappeler au cœur de ses généraux : « Allons, Augereau, il n'est plus question d'agir comme dans les derniers temps, mais il faut reprendre ses bottes et sa résolution de 93 ! » (Lettre à Augereau, 21 février 1814.)

(1) Il est curieux de voir ce rôle du Comité de salut public attesté par M. Fourcy : « Il y avait alors, auprès du Comité de salut public, une espèce de congrès de savants (c'est de la Commission des arts que parle M. Fourcy, en se méprenant à la fois sur son rôle et sur sa situation), où la plupart des sciences exactes et naturelles se trouvaient dignement représentées. C'est de là que partirent à la voix du Comité souverain ces instructions lumineuses, ces inventions soudaines, ces expédients ingénieux et rapides qui, dégageant les procédés des arts des vieilles ornières de la routine, élevaient tout à coup leurs produits au niveau des immenses besoins de la Révolution » (*Histoire de l'École polytechnique*, p. 13). — [Nous ne croyons pas, comme nous l'avons déjà expliqué plus haut, que M. Fourcy ait voulu parler de la Commission des arts : ce qu'il appelle « une espèce de Congrès de savants », c'est précisément cette réunion de savants « groupés autour du Comité de salut public », et où figuraient Guyton, Fourcroy, Hassenfratz, Vandermonde, Berthollet, Leblanc, etc., etc. — J. G.]

(2) [L'École normale ne fut instituée que par le décret du 9 brumaire an III, mais le Comité d'instruction publique en avait élaboré le plan avant thermidor, en floréal et prairial. — J. G.]

durement payée de nos jours par la défaite. En l'an IV, il s'agit d'une somme de 1,236 francs en numéraire dont le Muséum a besoin pour acheter des vitres. Le Muséum éprouve un premier refus enveloppé dans une phraséologie administrative toute nouvelle. Ce n'est plus ce style étrange de l'an II, étrange tout à la fois par sa brièveté et son emphase et qui semble d'un autre monde ! Ici nous abordons aux terres connues, les hommes qui entrent maintenant en scène sont retombés à notre taille; ils parlent et ils agissent comme on parle et comme on agit encore trois quarts de siècle après eux. « J'aurais désiré, mon cher collègue, écrit un ministre à l'autre (1), pouvoir accorder à un établissement aussi intéressant tout ce qui peut aider à ses besoins, mais ceux de la guerre sont tellement urgents, etc. » On finit cependant par décider la dépense huit jours après, le Directoire l'ayant approuvée. L'année suivante le Muséum, platement, par son directeur Jussieu, va au-devant des refus : « Les professeurs n'ignorent pas combien les circonstances sont difficiles; aussi ne vous retracent-ils pas tous les besoins de l'établissement. Si vous estimez dans votre sagesse qu'on puisse quelque chose, etc. (2). » C'était d'autre ton que parlaient les savants du Muséum, pendant la Terreur, à ces autres hommes qui étaient alors au pouvoir et qui n'accablaient les professeurs que de richesses et d'agrandissements.

Surtout qu'on ne dise pas que l'argent manquait; les besoins du Trésor étaient au moins aussi grands, on en conviendra, quand la France était, comme a dit plus tard Lindet, « un camp qu'il fallait nourrir ». Non. Mais l'esprit scientifique s'en était allé, on ne tenait plus en même estime les mêmes choses. N'avons-nous pas de cela une expérience toute récente? Après des désastres inouïs, avec tout à réparer au dedans, et tout à payer au dehors, n'avons-nous pas vu nos établissements scientifiques un peu plus riches, un peu mieux dotés après la guerre de 1870, alors qu'avant elle l'argent manquait, disait-on, pour les choses de l'enseignement?

Il est impossible de n'en point convenir. L'an II marque bien réellement une date importante dans l'histoire des sciences françaises. Non seulement elles sont représentées par une pléiade d'hommes illustres; non seulement elles voient

---

(1) Archives nationales, F¹⁷, carton 1109 : Lettre du ministre des finances au ministre de l'intérieur, 7 prairial an IV.

(2) Archives nationales, *Ibid.* : Lettre de Jussieu aux directeurs, 8 vendémiaire an V.

grandir et naître une foule d'établissements d'enseignement; mais elles ont sauvé le pays, elles sont plus près du gouvernement qu'en aucun temps. Les services qu'elles ont rendus avant le 9 thermidor font jeter les yeux, pour succéder à Robespierre, à Couthon et à Saint-Just, sur deux savants, deux chimistes, Guyton et Fourcroy.

Puis la Convention termine cette année d'un labeur sans exemple par le décret suivant, qui montre qu'elle se croyait seulement au début de sa tâche : « La Convention nationale charge tous ses comités et tous ses membres de méditer sur les moyens à prendre pour vivifier l'agriculture, l'industrie, les arts, les sciences et le commerce, et de lui présenter leurs vues sur cet objet important qu'elle recommande à la discussion de toutes les sociétés populaires; elle invite tous les citoyens de s'en occuper et de lui faire parvenir le résultat de leurs méditations » (28 fructidor).

Quant au Comité de salut public décapité le 9 thermidor, ses actes, mieux que tout, montrent la part qui lui revient dans le mouvement, les réformes et les créations scientifiques de l'an II. Ou bien il faut lui contester l'omnipotence dont on lui fait un crime; ou bien, au milieu de tant de reproches (1), il faut lui rendre cette tardive justice que plus qu'aucun gouvernement au monde il a honoré les sciences et compris leur rôle social.

---

(1) Dans le courant de l'année, la Convention avait voulu faire dresser l'inventaire de toutes les richesses naturelles de la France, véritable description scientifique de la patrie. Elle s'était adressée à Daubenton. Nous lisons, dans une lettre de la Commission exécutive de l'instruction publique à Daubenton, en date du 25 prairial : « Le projet de questions que tu as apporté toi-même à la Commission remplit ses vues. Elles forment la base de la circulaire qu'elle doit adresser au corps administratif. Elle espère en recueillir des renseignements utiles à la connaissance de nos productions naturelles, au commerce et aux arts. Tu aurais pu indiquer dans quels départements existent ces productions... La Commission répandra les instructions de Daubenton, don le bienfait ne s'est pas étendu aux campagnes. » (Archives nationales, F¹⁷, carton 1228.)

www.ingramcontent.com/pod-product-compliance
Ingram Content Group UK Ltd.
Pitfield, Milton Keynes, MK11 3LW, UK
UKHW020947120726
13693UKWH00004B/1586